EVERY DAY LIVING

內在信念的力量

日日是好日的神祕法則

二十世紀譽滿全球的心靈大師、暢銷作家安妮‧考爾經典之作

真正的自我控制是控制內在的信念，

不管是讚美還是反對。

透過改變內在信念，我們就能在現實生活中，

以一種自然的狀態，來控制自己的行為。

安妮‧考爾 著

佘卓桓 譯、孔謐 校

Contents

C o n t e n t s

第一章

家庭事宜

家庭快樂的源泉，
在於彼此都能夠尊重神聖的法則。

我們都相信一件事，即不論命運多麼不公，都能心甘情願地去接受，並將逆境視為鍛鍊自己的品格力量，與提升為他人服務的能力的一個機會。所以，千萬不要將個人的負擔看作一種限制。我們深信，不論別人多麼不好、多麼不友善或是不公平，我們也不應該懷著主觀惡意的態度，去面對這些不公與不善，而是應該首先進行自我反省──審視別人對自己的批評是否恰如其分，看看批評者對我們所持的觀點是否正確。

不管別人對我們作出多麼不友善或不公正的評價，我們都只能埋怨自己。與此同時，我們對別人還必須嚴格堅持一種友善與公正的態度。當我們完全擺脫了憤怒與不滿的情緒之後，才能以一種客觀公正的態度，去看待事情的全貌。這樣做，有助於減輕批評者心中不滿的情緒或是不友善的行為。

我們相信一點，如果只是單純地控制外在舉止，卻沒有改變內在的信念，就只能演變成一種壓抑外在舉動的行為。真正的自我控制是控制內在的信念，不管是讚美還是反對。透過改變內在信念，我們就能在現實生活中，以一種自然的狀態，來控制自己的行為。

當我們出於一種發自內心去熱愛的心靈態度，而變得安靜、友善、慷慨與不加抱怨時，我們的行為就將依照一種比自身更為強大的法則來進行，並且遵循這樣一條唯一的、能讓我們獲得自由的法則。我們知道，這樣的自由是需要為之努力的，而且必須要經過艱苦與持久的努力才能獲得。我們深知，在這段充滿艱辛的旅程中，我們很可能會多次摔倒，但我們絕對不能沉淪於失敗之中，而是要爬起來，勇敢抬起腳步，滿懷自信地繼續向前。

一旦我們看到自己為之奮鬥的目標變得愈發清晰時，一切負擔就都不會顯得過於沉重，任何苦楚就都不會顯得難以承受，因為我們正在走向勝利、自由與幫助別人的道路上。本書所寫的一系列文章，就是闡述如何將這些原則，在現實生活中進行具體應用的。

處於「相愛」的狀態，與「愛」本身的區別是很大的，這種「相愛」的感覺，可能只是一種純粹的、自私的情感，與愛的真實含義截然相反。在不瞭解愛的真實含義的情況下去愛別人，其實是一種束縛——有時可能覺得愉快，有時則感覺痛苦——但不論怎樣，這都是一種束縛。真正的愛意味著自由——當我們真心愛某人

的時候，我們會愛他的優點、他的能力，為他的幸福而感到幸福，而不是只考慮我們自身。所以，真愛才能帶給我們自由，賜予我們所愛之人以力量。

曾經，某個家庭的一位母親深深地「愛」著她的丈夫，但她的丈夫卻深深地愛著他自己。這位丈夫經常以自己是良好的自律者而驕傲，並為自己按照嚴謹的教育方式，將孩子撫養成人感到無比的自豪。但實際上，他只是完全按照自己的意願去教育孩子，並沒有根據孩子的潛能去因材施教。他努力地按照自己的想法去培養孩子，卻忽視了孩子身上某些與他教育方式不相容的特點。因此，他的行為在不經意間，滋生了讓別人感到沉重壓力的「邪惡」。

這位母親不想讓丈夫感到不快，雖然她性情變得更加溫和，這本來是可以真正為孩子利益著想的，但是她為了贏得丈夫的歡喜，反而放棄了自己更為良好的判斷力。這樣的默許與放縱，導致這個家庭裡的每個人，都處於一種長期壓抑的狀態。

孩子們感到強烈的恐懼與壓抑，因為他們根本沒有發洩自身痛苦的天然管道，所有的緊張與壓抑，都累積在他們小小的大腦裡，在他們成長為男女時，最終必然將顯露無遺。

這種發洩的表現方式，不是以一種更加讓人痛苦的方式表露出來，就是以一種自我放縱的形式表露出來——這顯然是孩子對自己從小就壓抑已久的緊張與束縛的一種劇烈的釋放。

在這個家庭，產生持久束縛感的不只是孩子，還有他們的母親。作為母親，她感覺到丈夫的行為方式，與自己天然的母愛產生了衝突。她要比丈夫更瞭解孩子的行為，她的潛意識似乎知道自己放棄了對孩子的愛，而只是一昧地滿足丈夫的「胡作非為」以及他的私欲。這樣的意識也會讓這位母親，處於一種嚴重的神經緊繃的狀態。

這位父親時刻保持著一種自負的思想，對一個人來說，為了時刻展現自身高尚的情操而努力，其實就是產生壓力的根源之一。要是他的性情比較敏感，那他就可能在漫長的歲月裡自我瓦解；倘若他不是性情敏感的類型，那麼也會隨著年齡的增長而變得越加粗野。

在另一個家庭中，壓力與束縛也很大，但表現出來的形式卻完全不一樣。父母與孩子都有各自的興趣與愛好，吃飯的時間也完全不一樣。每個人對家裡的其他成

員都缺乏容忍，雖然他們在外人面前，表現出了良好的教養，不至於發生爭吵。但是，到他們家做客的人卻都不想待的太久，因為每個人都能感覺到，這個家瀰漫著一種令人壓抑的氣氛。這個家庭的孩子長大以後，都想到其他地方休息一段時間，以避免受到家庭帶來的壓力的影響，這似乎也是完全可以理解的。

或許，家庭生活中最大的壓力，就是每個家庭成員，都太過注重外在的良好舉止，太過注重每個人的外在行為，卻漠視了相互理解與憐惜的重要性。每個人都會對他人這種「善意的關心」感到壓抑，誰也不會真正坦誠自己感到的壓力，因為他們認為別人會覺得這是一種不友好的行為。最後，家庭的氣氛變得極其壓抑，每個人都在心中鬱積著一股仇恨，只是沒有表達出來，但是誰都能感受得到。

我想起了性格屬於這種類型的兩姐妹。她們總是在語言上讚美對方——可是她們卻不敢做一些讓自己感到快樂的事情，因為她們害怕對方會產生受傷或是被遺棄的感覺——雖然這些事情是美好的，是很有意義的。這兩姐妹的性情並不相似，興趣也完全不同。如果她們都可以自由地表達出自己的興趣與愛好，就可能給對方帶來快樂，她們的生活也可以得到持續的拓展。在相互尊重彼此觀點的前提下，她們

的陪伴感會更加強烈，隨著時間的流逝，她們能夠更好地互相促進，不但是好姐妹，而且還能夠變成親密的朋友。

但是，她們現在有一種心態——只重視外在表現、內心卻時刻害怕打擾對方、不敢試著去做自己喜歡的事情，這只能讓她們背上沉重的包袱。每個能夠感受到她們這種壓力的人，都會對此感到遺憾，因為她們實際上都是非常優秀的女性，有能力去做很多有意義的事情，能給許多人帶來真正的快樂。但是，她們卻習慣了彼此「表面上的友善」，並且將這種錯誤的標準一直延續下去，使她們覺得想要改變這種習慣是不可能的。

這些「友善」的人想要向快樂轉變的難點在於，在他們愛上某個人之前，必須先要瞭解自己自私的滿足感，自己厭惡甚至是仇恨哪些東西，這些東西很可能深藏在他舉止友善的表面之下。

這種認識，可能與別人眼中看到的良好舉止形成兩個極端，與別人心中所懷揣的那種信念——她是向別人無私奉獻的——完全相反。如果某人在無意識的情況下，表現出惱怒或是厭惡的情緒，她一定會因為發現了自己內心的仇恨，感到由衷

的震驚，並且會立即產生遠離這些東西的想法。接下來，她就會學到寬容，進而讓別人獲得自由的愛。最為重要的是，她會學到一點，即只有當我們尊重他人的自由時，才真的有可能接近並愛上對方。

例如在父親強勢、母親弱勢的家庭中，父親意識到了自身的自負與強勢之後，就會發揮自身更為強大的意志與良好的判斷力，來避免自己給孩子和妻子帶來壓力，他會真正地關注妻兒內心的真實需求，那麼這個家庭的氣氛，就能漸漸變得溫馨與自在，而不是之前所感覺到的壓力與冷漠。如果母親明白了這個道理，就會向丈夫提出要求——如果為她好，就不要藉著愛她的名義去做一些事情，而是應該讓她去做一些她自己覺得對丈夫和孩子都有意義的事情。她這種堅強、無私與大愛的精神，就可能會喚醒丈夫男子氣的一面，隨著時間的流逝，他會更愛自己的妻子，因為妻子的堅持不懈，讓他開拓了眼界。想像一下，這對孩子的未來，會產生多麼深遠的影響。

家庭的某個成員，憑藉一己之力摒棄怨恨與個人的不滿，就能夠讓家裡充滿平和溫馨的氛圍。這需要細心與周全，需要我們不斷放棄自以為是的想法，蕩滌心中

自私的想法，那麼，我們獲得的回報就將是更高的服務他人的能力。一般情況下，當某位家庭成員義無反顧地走上了無私的道路，其他家庭成員也會隨之走上這條道路，隨後，整個家庭都充溢著一種無私的氣氛。

在這裡，我們必須要明確一點，就是為了表面的和平而做出軟弱屈服的行為，與為了正義而在原則上有所妥協的區別是很大的。前者絕對不是無私的行為，雖然看上去很無私。我們的屈服，只能增強他人自私的行為，這絕對不是正確的做法。

當人們隱藏自己真正的情感，表面上裝出一副心滿意足的樣子，但內心卻是翻江倒海，感到極度憤懑，這種慢性的惱怒，就會讓他積鬱成疾。這種情況下，我們所能做的，就是保證自己一定要有真誠的態度。若是在緊急情況下，某位朋友潛藏已久的惱怒爆發了，真正的想法從心底浮現出來了，我們如果能以安靜地心態去面對這種情況，這種惱怒的情緒就會自然「熄滅」。那位曾經「珍視」惱怒情緒的人，會為自己可以得到發洩而感恩，而不會在意之前忍受這些情緒時的想法。

通常情況下，很多人在自己漫長的人生過程中，都背負著沉重的負擔，但他們卻又以一種友善的姿態示人，以此來掩蓋內心真實的情感。在這種情況下，不論男

女，只要能夠認識到自身存在的問題，與人進行友善、自然與友愛的交流，就能成功地根除這種「表裡不一」的行為。

正是因為不明白這一點，才導致了家庭中出現了許多無謂的爭吵與打鬧。

要想保持家庭氣氛的融洽，每個人都能過上快樂的生活，我們需要顧及別人的感受。這不在於某些人需要壓抑自身的性情，來滿足其他人的自由發揮，更不在於讓每個人都尊重其他人的利益。即使上述這些行為全都實現，家裡可能依然缺乏一種自由、歡樂與坦誠的氣氛。

家庭快樂的源泉，在於彼此都能夠尊重神聖的法則。如果我們能全身心地尊重與事情本質相關的原則，那麼這種尊重行為本身，就能讓我們將尊重別人視為理所應當的行為。這種尊重能夠讓我們友善、周到地對待別人——這不僅是為了別人，更是因為這樣的做法，符合尊重神聖法則的要求。在我們尊重神聖法則的過程中，會自然而然地對別人產生一種愛意與相互理解的態度，如果缺少了這一前提，就是不可想像的。

「在基本原則上一致，在無關緊要的事情上自由發揮，對所有事物都抱著仁慈

之心」。世上每一位基督教徒都承認一點，在面臨考驗的時候，對上帝與鄰居的愛意，會被證明是遵循這一神聖法則的最基本要求。在這一前提下，我們才能過上幸福的家庭生活，讓家庭更加富有秩序、充滿人情味。

第二章

教育孩子

教育孩子只有一條真正的途徑，
那就是首先要教育自己。

有兩個家庭，父母教育孩子的方式截然不同。我經常會這樣想，如果其中一個家庭教育的優點，能夠彌補另一個家庭教育的缺點，那就太好了。如此平衡的教育方式，將會多麼富有愛心，多麼容易發掘孩子的才華。

事實上，良好的教育的優點遠遠不只這些，要是這些良好的因素，能注入到兩個家庭都缺乏的教育理念之中，那麼父母與孩子就會感到更加幸福，感到更充滿力量。

我記得在第一個家庭裡，父母是按照固定的原則來教育孩子的，孩子做事說話都顯得很溫和，但卻完全受制於父母。這個家庭的孩子過著有規律的生活，接受著良好的教育，從來不吃任何缺乏營養的食物，晚上睡眠充足。但在很多情況下，他們的行為顯得不夠自然，他們不過是父母手中的「玩偶」。

父母告知湯姆要友善地對待妹妹以後，湯姆的腦海裡，又強化了自己要對妹妹好這個念頭。

「湯姆，你把蘋果讓給妹妹吃，這難道不好嗎？你難道沒有覺得，這樣做讓自己變得更加開心了嗎？」

除了在孩子臉上看到了一種「我是個好孩子」的表情外，你還能從哪裡看到為人父母者，這樣一種志得意滿的微笑呢？看到不少成年人流露出這樣的微笑，實在讓人感到悲哀，但在小孩子臉上看到這種微笑，那就不僅僅是可悲了，而是更讓人感到壓抑。

若是母親在家裡正與客人聊天，這時孩子來到客廳——只要孩子的言行出現了什麼錯誤，不管這些言語或是行為有多麼幼稚——母親都肯定會中止與客人的交談，對這個「可憐」的孩子進行一番語重心長的教育，客人就只能坐在一旁默默地聽著。

「湯姆，親愛的，向這位女士伸手——不，不，是你的右手，湯姆，現在來向史密斯夫人問好。」

湯姆看起來一臉的無辜。

「湯姆，快向史密斯夫人問好啊。」

最後，湯姆問完好，終於逃了出來，而史密斯夫人的耐心也被耗光了，她無法與這位母親繼續之前的對話。其實，這位母親可以語氣平和地與湯姆談心，甚至可

以與湯姆達成一種協定——下次家裡來客人的時候，他要表現的乖一點，讓客人感到滿意，這樣他自己也會覺得高興。這樣做，有助於使孩子建立起一種與父母特殊的親密感。當父母與孩子的友情建立起來後，那些懂得如何與孩子發展友情的父母，就可以更好地培養孩子了。但是，父母的品格必須要足夠的堅強與成熟，才能讓他們和孩子之間的友情繼續維持下去。

上面這個家庭中，父母與孩子之間並不存在真正的友情，有的只是仔細培養的個性與真正的自由。也許，一些孩子會從過去被父母壓抑的生活經歷中吸取教訓，但另外一些孩子卻可能一輩子都留下陰影。最讓人感到悲哀的是，這些父母還覺得自己是全心全意為孩子奉獻精力，是為了能夠讓孩子在這個世界上取得成功，才去約束他們。

表現在外在的「友情」，這是父母故意控制孩子的一種表現。如果父母突然因為事故去逝，只剩下孩子的話，那麼孩子本身的任性與本性，就會在壓制解除後爆發出來，甚至連孩子自己都覺得不可思議。

在瞭解自己所犯的錯誤後，如果他們的品格基礎足夠牢固，就會尋找屬於自己

024

很多父母認為，孩子從小表現出來的興趣，就是他們的天賦所在，然後便按照孩子的「天賦」來培養孩子。這些父母的情感非常真誠，但據我所知，孩子們也深信父母在培養他們時的選擇是明智的──不論是從精神方面或是自然天賦方面，都是如此。要想讓父母或是孩子看到真實的情況，這有些不太現實。很多時候，孩子失去了他們做事時自然的態度，就像一個小大人，顯得極為刻板，而且這些孩子很容易生病。很多人都會覺得奇怪，為什麼史密斯的孩子總是生病，而自己的孩子在成長過程中，卻是那麼健康與充滿活力。

如果這些孩子的父母覺得自己被人冒犯，或是覺得朋友傷害、忽視了自己的情感，那麼孩子也會跟著覺得受到了冒犯。因此，當某位朋友在拜訪這樣的家庭時，可以觀察孩子的舉止是否得當，以此來判斷自己在孩子父母心中的地位。這些孩子處在父母時刻「訓話」的影響下，他們尚未發育完全的大腦和神經系統受到了壓抑，處於一種歇斯底里的狀態，就像一個溫度計，顯示出來的氣溫高低，取決於父母的心態。

事實上，這些孩子通常都是很有趣的，但父母卻沒有按著他們的本性去進行培

養，即便他們所處的環境具備這樣的優勢。他們所做的事情，都是在思考過後進行的，而不是單純的自然的想法，因此這扼殺了他們溫暖、自然的情感，讓他們所謂的愛趣於病態，習慣於奉承別人和缺乏自己的主見。

在另一個家庭裡，情況恰恰與此相反。在這個家庭中，我們感受更多的是父母天然的愛，而不是人為的教育。父母是在幫助孩子成為更好的男孩或是女孩，你很難將此稱為「教育」。這樣的孩子待人友善大方，過著快樂自由的生活，他們深愛自己的母親，言行舉止顯得極其自然、令人愉悅。第一次看到這些孩子的時候，你會覺得他們就是真實的自己。看到這些孩子自然快樂的樣子，友善地對待父母與他人，真是讓人有點感動。但是，當你對這些孩子進行一些考驗──這些考驗需要認真思考或是品格的力量，這時你就會發現，這些孩子缺乏這些品質。

你原先可能覺得，這就像小溪蕩起的漣漪，會幫助小溪繼續往前流淌，這些孩子也應該有能力去應對困難，不論這些困難是大是小。但最後我們卻發現，這些孩子對是非對錯的理解是最膚淺的。小溪潺潺的流水聲聽起來很悅耳，在陽光的照射下也很迷人，但卻無法轉動水車的輪子。

假設，如果某人真的不公平地對待孩子，然後你努力地向自己的孩子解釋，雖然那些孩子被不公平地對待，但是也不能反過來無禮地對待別人，孩子們聽完後，肯定會茫然無解。假設你對孩子們說，他們在學校遇到的困難，能讓他們成為更優秀的人，並且能夠從困難中得到教訓。比如下面這個例子：

「威利，如果你不知道分數意味著什麼，你長大後，就很難在這個社會立足。」

在這個例子中，我們很可能會聽到威利茫然地回答「是……是」，拖長的口音，說明他根本無法理解你所說的話。有趣的是，孩子看上去都非常聰明，具有天賦，但當你在教育他們時，卻發現那種感覺就像是在撞一口鐘時，發現鐘根本不會響一樣，這時你只能用更為直接和說的非常明白的因果關係，才能讓他們變的似懂非懂。

要是父母能夠更加睿智、更加貼近實際，採用更加簡單的方法去教育孩子，成為孩子的朋友，那麼孩子對事物的洞察力就會更加清晰，也會更加具有活力。

從某種程度上來說，這些孩子都處於父母不明智的管教之中，雖然他們要比其

他家庭的孩子，更加自然與具有活力。

在這兩類家庭中，如果父母不喜歡孩子，孩子不喜歡父母，這樣父母所有的錯誤，就都會在孩子身上流露出來。在第一個家庭裡，他們循規蹈矩，友善地對待彼此；在第二個家庭裡，家庭成員則顯得更加自然與友善。

要是第一個家庭能少些規矩、多些自然的愛意，教育的效果就會更好些。要是第二個家庭能多些規則、少些放縱，這樣教育的效果也會更好些。要是第一個家庭裡的父母，能想著去多愛一些，要是第二個家庭能在愛的基礎上多一些思考，效果就會更好。

但即便這些改變能夠實現，這兩個家庭的教育效果都能有所提升，但他們所面臨的難題，卻依然沒有得到絲毫解決。這兩類家庭所面臨的主要問題是，如果父母都懷著仇恨的心理，孩子也會懷著仇恨心理；如果父母都很自私和習慣了抱怨，孩子也會變得自私，喜歡抱怨。要是父母性格敏感，覺得自己很容易受傷害，孩子的性格也會變得敏感，覺得自己很容易受傷害。

教育孩子只有一條真正的途徑，那就是首先要教育自己。要是為人父母者都能

明白這個道理，這就會對父母和孩子都產生難以估量的作用。在教育孩子時，我們滿懷責任，這是相對容易做到的。作為父母，很容易覺得自己更重要，這就會讓我們無法意識到──要想孩子遵循我們的教育法則，我們首先要自己做到才行。如果我們有一塊屬於別人的白布，我們每天都用這塊白布擦拭骯髒的手，倘若有一天這塊白布的主人突然想要回這塊白布，這塊白布肯定是髒的不行，而且全是皺痕。我們對待孩子的道理也是如此。要是我們的手不夠乾淨，他們幼小的心靈就會留下我們的指印。有時，這些指印會被證明是污點，在這個世界上無法被擦掉──至少是在這個世界上。

孩子是託付給我們撫養的──他們並不屬於我們。孩子就是尚未成型的男人和女人，他們有自己的個性。如果父母能引導他們發揮出最大的潛能，他們的個性就能夠獲得成長的機會與空間。

要是從孩子誕生的那一刻起，我無法與孩子建立一種相互幫助的關係，那就說明，我還沒有做好成為孩子的父親或是母親的準備。要是我沒有從自己的童年經歷中學到教訓，然後用以教育孩子的話，那我就沒有做好引導或教育孩子的準備。孩

子來到這個世界後，要遵循他父母都遵循的法則。只有在父母都遵循自己灌輸給孩子的法則時，孩子才能真正遵循這樣的法則。

孩子能迅速察覺父母是否真正遵循這種法則，然後據此來對父母的指引做出反應，孩子能迅速察覺父母違背法則或是表裡不一的做法。要是某位母親為人誠實、性情平和，讓孩子能像自己一樣，在柔和與安靜的環境中成長，那她就要做好依靠孩子降臨世間所具有的力量，來幫助孩子翻越困難與障礙的準備。

孩子與父母的陪伴關係，就是這樣建立的，隨著父母與孩子不斷進行真正的交流，這種關係會逐漸深化，直到孩子長大成人，與父母建立永恆的友情。父母首先要學會自律，並以自身遵循神性法則的精神，來要求自己的孩子，如此父母與孩子間嚴格的自律與深厚的自信感，是可以建立起來的。孩子可以迅速覺察父母違反這些法則的行為，如果父母能夠接受別人對自己的真誠批評，那他們就會因為自己的坦誠，而讓孩子對他們更為尊重，也更樂意遵循這些法則。

如果父母意識到了自己的自私，並加以克服，從父母身上遺傳了自私傾向的孩子，克服這種傾向的能力就越強，就越能培養無私的品格。相反，若是孩子的父母

都沉湎在自私之中，孩子的處境就會顯得很「危險」，因為孩子也會有樣學樣。

除非我們理解並相信，只有在自己遵循神性法則的前提下，要求孩子也去遵循這樣的法則，才能讓我們免於智趣上的驕傲與自我重要性的迷霧，否則，我們的書籍、談話——所有關於教育孩子的理論，都是毫無用處的。當我們依照自己遵循神性法則的愛意去教育孩子，就可以知道如何從哪裡開始、從哪裡結束。我們將知道如何更為自由地發展孩子的個性，如何更好地讓他們從我們過往的經歷中受益。

在真正懂的如何教育孩子的家庭裡，我們看不到自私的愛或是佔有的驕傲，也看不到父母專橫的控制，更沒有扭曲的成見，有的只是父母與孩子之間由始至終真正的陪伴。

在孩子還小的時候，我們就必須要他們遵循神性法則，當然前提是我們也必須要這樣做。我們可以在孩子缺乏知識時去教育他們；在他們長大成人以後，這種索取與回報，就會變成一個相互的過程，對父母和孩子來說都是有幫助的。福祿培爾曾經說過：「來吧，讓我們的人生達到教育孩子的標準。」德國的諺語在翻譯成英文時，總是需要變化措辭的。這句話說明了我們的生活對孩子是有很大責任的。讓

031

我們好好生活，讓孩子清楚地知道我們對自身的標準，以及日常生活中、工作時所表現出來的精神。

只有這樣，我們才能以對自身相同的原則來對待孩子，就讓彼此在一個熟悉的原則下，開展坦誠的合作，成為真正的朋友。就算很多孩子還沒有辦法完全理解父母的苦心，但他們肯定也能模糊地感知到這種精神。父母是怎樣的人，這在教育孩子的過程中，要比他們的行為和語言更為重要。我們始終要記得一點，就是孩子只是尚未發育完全的男人和女人，我們有指引他們走向真正自由道路的責任和恩典，但我們只有把自己的路走好，才能談論這一點。

第三章

良好的教養

良好的舉止，並不代表擁有良好的教養，

就好像任何假花，都無法讓一座花園變的美麗。

一位面容粗獷的老人，正在自家花園的柵欄後面割草，這是一個美麗的花園。

一位中年女士在路過的時候，忍不住叫同行的小侄女欣賞一下。她倆在柵欄外看了一下，談論著各種花朵，最後這位女士鼓起勇氣與那位老人談話，雖然這位老人與她們是鄰居，但似乎對她們倆並不關心。

「伯奇先生，」女士非常有禮貌地說，「我想帶我的小侄女進入你的花園欣賞一下，假如可以的話。我只是想讓她欣賞一下這裡美麗的花朵。」

「嗯，」伯奇的雙眼都沒有從割草的鐮刀上抬起來，「我不會阻攔你們的。」

小女孩用寫著疑惑的雙眼看著自己的阿姨，但這位女士只是微微一笑，柔和地對伯奇說了聲「謝謝」，就領著侄女走上臺階，往花園裡走去。

在她們欣賞花園裡美麗的玫瑰花時，伯奇走過來，長柄鐮刀放在肩膀上，沒有絲毫猶豫，健步從客人和玫瑰花之間走了過去。

「伯奇先生，這些玫瑰花真美啊！」女士說。

「嗯，是……是的，是很……很美。」伯奇在經過時回答道。

伯奇似乎突然間想到了什麼，又朝她們倆走了回來──手裡拿著一朵最美麗的

玫瑰花，遞給了小女孩，伸出手似乎要與女士握手。小女孩驚訝地看著阿姨，然後又看了看玫瑰花。這位女士的洞察力很強——就算伯奇的洞察力也很強，也難以發現這一點。所以，她立即說：

「親愛的，伯奇先生送給你這朵美麗的玫瑰花，他這個人多好啊！」

小女孩聽到這句話後，臉上綻放著笑容，手裡拿著玫瑰花，輕輕說了聲「謝謝」。之後，伯奇便一言不發地走開了。當她們離開伯奇的花園後，小女孩將玫瑰花遞給她的阿姨，說：「瑪麗阿姨，這玫瑰花是送給你的。難道伯奇這個人不會讓你感到恐怖嗎？」

「親愛的，你怎麼能這樣說呢？」阿姨回答道，「他並不是一個讓人感到恐怖的人，他希望我們欣賞他的花園，他願意為你摘下花園裡最美麗的花朵——他是一個非常友善的人，只不過他不懂得怎樣用最友善的方式去做而已。」

「不知道怎樣去做！」小女孩滿懷疑惑地說，「瑪麗阿姨，怎麼會呢？他在這個世界上已經活了這麼多年了！」

最後，小女孩經歷了長時間的默默思考後，又問道：「瑪麗阿姨，你認為伯奇

先生會想知道，怎樣用最友善的方式去做事嗎？」

我曾經與一個人坐在一起用餐，這個人的舉止極為得體、極為優雅。他知識淵博，與他交談非常有趣。晚餐後，我與一位女性朋友在交談時談到了他，這位朋友也讚揚了他友善待人的行為，並且舉了許多關於他為人友善的例子，證明他是怎樣從多個方面為別人著想，以免讓別人陷入麻煩或是不安。當那人走進客廳以後，我以全新的眼光審視他，再一次被他優雅從容的舉止感染。

幾個月後，我竟然在一列火車上遇到了他和他的夫人，這讓我感到既驚訝又開心。與老朋友敘舊，這是一件讓人很愉悅的事情。因為我們都是坐火車去旅行的，所以決定在接下來的幾個星期一起玩。

在第一個星期裡，我對他的敬佩之情不斷增長，他似乎是我見到過的最有教養的人。但接下來的時間，我逐漸發現他的妻子，總是為了能夠讓他覺得舒服而犧牲，而他卻沒有為她做任何事情，除非是連外人都覺得，他這種忽視妻子的行為太過難看了，又或者是他對妻子的友善行為，可以讓別人讚美他幾句，他才會應景似的做一下。他總是很有禮貌地對妻子說話，看起來一副很愛妻子的樣子。但他的這

種愛，似乎是建立在妻子能讓他感到舒服，並讓他免於煩惱的基礎上的。

因此，妻子覺得丈夫是一個英雄，這不經意間助長了丈夫的自私，因為他真的覺得自己是一個友善、富於教養、具有基督精神的紳士。與我們一起旅行的一位朋友生病了，他在照顧這位生病的朋友時，顯得極為細心與周到。他的妻子也為這位生病的朋友忙前忙後，做了很多事情，但她寧願讓自己站在不起眼的地方，以此彰顯丈夫的友善行為。

後來，我們遇到一些似乎對他這種「紳士」行為並不買帳的朋友。他努力地克制心中的怒火，依然以良好的舉止習慣去應對，但到了最後，他心裡的怒火燃燒的實在是太猛烈了，他終於無法控制了，粗暴的行為終於顯現出來，讓人感到非常低俗與殘暴。我從未見過幾秒鐘之前還翩翩風度的紳士，在幾秒鐘之後就變成一個滑稽小丑的場面。

在旅程結束前，我們都還是非常「簡樸」的人，他依然沒能從以前用「紳士」風度待人的習慣中恢復過來，即便是表面的應酬功夫，也無法達到爆發前看上去為人簡樸的程度。雖然他也深知這一點，總是會說一些讓別人覺得愉悅的話，但卻無

法隱藏自己對身邊那些低級趣味者的鄙視的態度。

他讓我想起了吉伯特寫的一齣名叫《真相的宮殿》的戲劇。劇中的國王有一座宮殿，每個走進宮殿的人，都必須要說出內心真實的想法。國王這樣做，只是想聽到自己希望聽到的話。國王唱了一首歌，就問大臣覺得怎樣。大臣恭敬地彎著腰，非常有禮貌地回答道：「陛下，這是一首很普通的歌，唱得也很普通。」這位大臣其實想說的是，「陛下，多麼好聽的一首歌啊！你唱得多麼動聽啊！」所以說，在真相的宮殿裡，每個人都在表露內心的真實想法，最後國王習慣了這樣的環境，導致自己丟掉了原先的護身符，這時他再也不想離開這個其實已經充斥著謊言的環境了。

我上文所寫的這個舉止優雅的人，其實就是生活在一個真實的「真相的宮殿」中，他表現出來的真誠，經常受到一些讓他覺得厭惡的人的挑戰，但是他沒有利用這個機會去審視自己，以便更好地認清自己。只有旁觀者，才能看到其中真實的一面，並從中明白一個道理，即良好的舉止與友善的行為，並不一定就是良好的教養，或者真正友善的表現方式。

當然，我在上文所舉的例子是最爲極端的。但是，我們在日常生活中，都能看到那個極端例子的相對溫和或不那麼冒犯的版本。我們可能沒有意識到，它也不會引起我們的注意──不知有多少表面上舉止得體的人，其實是不能被稱爲是擁有良好教養的，因爲他們之所以舉止得體，是想要在一個他們認爲最好的社會裡立足。

我們最好認真地審視一下自己，看看自己良好舉止背後的真誠度。要是我們真心希望瞭解自己，就不會爲了讓別人看起來不錯、而像是演戲一樣活得很辛苦，也不會爲了贏得別人的讚歎，而假裝擁有良好的教養。要是我們能夠洞察到，自己在生活中展現出來的不真實品質，就有助於我們獲得真正良好的教養。要是我們時刻保持警惕，避免各種僞裝假象，那麼缺乏真誠善意的僞裝的良好舉止，很快就會比惡劣舉止本身，更讓我們感到厭惡。

良好的舉止，並不代表擁有良好的教養，就好像任何假花，都無法讓一座花園變得美麗──如果我們能夠真正理解這一事實，並且按照這個事實出發，就將幫助我們發現人世間許多常見的虛僞情景。

良好的教養，是用我們最讓人感到愉悅和友善的形式，來表達自己的真誠態度

和對他人的友愛之情。

那位面容粗獷的園丁，就不是一個擁有良好教養的人，雖然他本人很善良，但是這麼多年來，他一直都沒有努力去用一種友善的方式，來表達自己的善意，所以在這背後肯定存在著某種自私的傾向，阻止他去改變這種粗魯——甚至是讓人反感的善意表達方式。一個人可以在毫無僞裝的情況下，依然舉止優雅。對那些在主要原則上表現得體的人來說，即便他們在餐桌上表現的不是很理想，但如果他們能在這些細節上做的好一些，就一樣會很出色。我們都知道林肯在成長過程中所遇到的困難，但他的一位同齡人在談到林肯的舉止時，曾這樣說：「他擁有一種讓國王極爲羨慕、讓普通人鄙視的尊嚴。」

那些看上去對別人細心周，到或是在每個細節上，都表現的非常得體的自私的人，並不具備良好的教養，因爲他所表現出的細心周到的友善，只是爲了獲得別人贊許的一種極爲自私的表現方式，他用令人愉悅的方式展現出來的友善，不過是一個虛假的面具。要是我們眞想知道誰是教養良好的人，最好要看他在緊急情況下的表現。很多假裝成教養很好的人，在遭遇海難或是鐵路事故時，所有的僞裝都會褪

040

去，露出他們的眞面目。

一些人遺傳了某種友善的本能，但這也只是他們在生活中做給別人看的，只要稍微考驗一下，他們馬上就原形畢露。除非這些人能眞正遵循神性法則，像愛自己那樣去愛鄰居，眞正按照原則去生活，才能展現出眞正的友善。

我們之所以缺乏良好的教養，完全由於我們的祖父也是如此。要是我們遺傳了某種良好的性情，使我們始終滿懷著一顆感恩的心，就會明白很多遺傳下來的好習慣，都必須經過自身品格的錘煉，才能眞正爲我們所用。要是我們遺傳了某些低俗、庸俗的心靈習慣，但同時又有足夠的智慧和能力認識到這一事實，這些俗不可耐的習慣，很快就能從我們身上滾開，因爲我們會主動將這些東西拋棄，轉而接受更爲良好的影響。

每個在地獄之外的男性，都有成爲紳士的可能，每個在地獄之外的女性，都有成爲淑女的可能。

所有良好的習俗，都有其存在的正當理由。洞察力深刻的人都知道，具有良好教養的人，無論到了哪裡，都很容易適應當地的習俗。對鄰居發自內心的熱愛，能

讓我們迅速瞭解別人所持的觀點，讓我們有能力，以最爲必需和恰當的方式與別人溝通。當我們對自身的固有行爲，抱著一種自私的想法，就會對那些與我們持相反意見的人，產生一種抵觸心理，促使難以理解或是融入別人所處的風俗習慣中。

要是我們眞的具有良好的教養，就會變得充滿愛心，細心周到，善於觀察，在言行舉止中，迅速瞭解別人的需求。比方說，要是我們知道某人急於知道或聽到某則新聞，但又沒有這樣的途徑，那我們就要努力爲他著想，讓他儘快得到這個消息，而不是故意蒙蔽他。

其實，我們可以在很多細節上，爲別人提供周到的服務，這對於教養良好的人來說，是絕對有必要的。當我們這樣實踐的時候，就會發現自己能夠迅速感知別人是否需要幫助。

友善對待別人，包容別人與我們的差異，這是良好教養的根源，良好的舉止只是良好教養的枝杈，然後才能開花結果。

要是這個「根」能夠牢牢紮在我們心裡，然後認眞仔細地進行培育，用不了多久，我們就能用讓人愉悅的方式去表達善意了。

最後，讓我們繼續深入思考，審視一下造物主是如何採用令人愉悅的方式，去創造萬物的。想像一下花朵的美麗、天空的湛藍、白雲的形狀，與當它移動時所具有的優雅！我們心中滿懷著最深沉的敬意，欣賞並感知自然的美感，意識到宇宙之美背後的愛意——其實同樣存在於看似微不足道的人類層面——這種愛意就是所有良好教養的根源。人性最為美好的品質就是上帝本身，當我們驅除了心中所有自私念頭時，他自然會賜給我們這種品質。

時間的利用

很多時常感到時間不夠用，或是無論做什麼事都「匆忙」的人，其實都是背後源自自私之心的責任感在作祟。

「親愛的朋友——我之前就應該給你回信了，但我一直沒有時間。你肯定無法想像，每天我都從早忙到晚。每天早上一睜開眼，我就覺得肩上的擔子很沉重，不知道該如何完成今天的任務。到晚上入睡時，我也無法卸下因工作未完成所帶來的壓力。要是我生病了，我的家庭該怎麼辦呢？我真的不知道。別人好像都不願意或是沒有能力去承擔責任。我還有許許多多的事情想要告訴你，但我現在必須要停筆了，因為我必須要去工作了。」

這封信的作者，就算是去朋友家做客，也肯定是十分匆忙的，因為她覺得自己太忙了，不能待太久。就算她充當的是女主人的角色，並且極力表現出自己的禮貌，但客人還是能夠感覺到一種「你們還是快走吧，我現在沒時間」的氣氛。她的眉宇間始終流露著一種壓力，這種壓力可能是慢性的，她沒有辦法真正地拋開這種壓力，去好好享受一下休閒時光。

這個國家的許多商人，總是處在一種「匆忙」的狀態中，即便是在他們坐好之後，即使他們並沒有一直盯著手錶看時間，你也能產生這種感覺。很多商人都失去了真正享受假期的樂趣。我記得一位著名商人的軼事，這位商人的家人一致懇求

他，到外面旅行一段時間，因為他已經工作的過於疲乏了，但他卻總是說自己不能離開崗位，特別是在每年的這個時候，因為一位大客戶每年的這個時候都會過來採購，他感覺公司裡其他人，都根本沒有能力處理。最後，這個人病得很嚴重，不得不遠離工作一段時間。

康復後不久，他在大街上遇到了那位大客戶，便走上前去道歉，說是未能親自處理他的採購事宜。這位幾天就忙完了的客戶對採購感到很滿意，因此一臉驚訝地說：「哦！史密斯先生，難道當時你沒有在現場嗎？對於你的生病，我感到很遺憾。」

史密斯的自我重要感，像被刺進尖刀一樣，但他能像哲學家那樣從中學會教訓，再也不會強調自己在公司或是其他地方的重要性了。

這種自我重要感帶來的壓力，比我們想像中的要強。事實上，很多時候，正是這種自我重要感，造成了我們神經衰弱。很多毫無必要或是出於自私而承擔的責任所帶來的壓力就像章魚，一旦抓住了人，就會緊緊地吸附著，直到給我們造成嚴重傷害才肯罷手。

對這些自認為非常重要的人來說，疾病經常以一種實質上毫無意義的責任，壓迫著你的形式出現，與這種「幻覺」隨時相伴的是自負，這也會讓你感覺相當壓抑。醫生知道這完全是神經緊張導致的疾病，其根源就是病人自私的心態。有時，病人能從性格上消滅這類疾病的源頭，雖然病人本身並不相信自己的疾病，是源自心理問題，但若是他們能與醫生合作，那麼治療效果肯定會非常好。

很多時常感到時間不夠用，或是無論做什麼事都「匆忙」的人，其實都是背後源自自私之心的責任感在作祟。真正讓我們感到疲憊的，並不是有很多事要做，而是我們對這些事情的感知方式。比方說，當我們準備做某件事時，就覺得好像有一百件事壓在心頭，結果導致這件事做的不好，於是便無法繼續去做更多的事了。

其實，我們只要一次做好一件事就可以了，要是我們專注於做好眼前的事情，不僅能感覺到做好某事的愉悅感，還能在簡單的專注後，享受更好的休息，同時讓心靈充滿彈性，讓我們能夠從一件事情順利地轉移到另一件事情上。

真正深諳「若汝之目光專注一點，汝全身將充滿陽光」這句話的精髓與內涵的人並不多。這句話代表的是一種健康的專注態度。因為，如果我們專注於神性法

時間的利用

則，那麼在日常生活中專注於工作，就成了順其自然的事情了。

沒有比一顆充斥著源自自私的責任感的大腦，在佔用與浪費時間上，更加讓我們感到惱怒和無助的了。這些人缺乏一種均衡感，經常在某事上耗費大量時間，卻在另一件事上，十分吝嗇時間的花費，這導致他們處理生活中其他事情上總是顯的失衡。

如果我的讀者覺得自己在利用時間方面感到了壓力，可以嘗試這樣一種比較有效的方法：在你上床睡覺時，不斷對自己說：「我明天什麼事都不用做，什麼事都與我無關。」

你的大腦肯定會馬上對此進行「反抗」，此時，你可以對自己說：「我這樣說了！」

這時，你必須要迅速地回答：「既然你有這麼多事要做，那麼你的大腦就更要是多麼荒唐啊，我明天有那麼多事要做，沉重的工作壓力，已經壓得我直不起腰保持冷靜──讓你的視線變的更加專注──以便能夠在完成一件事後，立即去做另一件，同時避免給自己太大的壓力。」

給大腦減壓最好的方式，就是讓大腦什麼都不想，然後安然入睡。

第二天早上，如果在你醒來後不想繼續躺在床上浪費時間，那麼你可以花時間穿衣服，在這個過程中思考一天的工作，讓大腦能夠以一種有序的方式，去面對當天的工作。穿衣服這個動作，或多或少都算是一種機械的行為，我們可以一邊穿衣，一邊思考問題。晚上的時候，你可以回顧一下這一天還有哪些事情沒有做，在你入睡前，清空大腦，覺得自己明天什麼事情都不需要做。

在白天的工作裡，不管你需要在忙完一件事後多麼短的時間內去做另一件事，永遠不要談論這種「匆忙」，因為在很多情況下，我們匆忙地做事是必需的，但絕對沒有必要去談論匆忙。如果我們要求別人手腳麻利一點，好讓我們趕上火車；或者我們需要加快腳步去赴約會，我們可以在內心中默默地暗示自己，而不需要強調自己有多麼匆忙。一般來說，談論「匆忙」帶給我們的壓力，要比匆忙本身帶給我們更大的壓力。

我們需要大腦養成一種習慣，這種習慣能夠讓我們主動消除對於那些必須要做的事情的抵觸情緒，然後迅速果斷地把要做的事情做好。這個過程會讓我們的心態

變得更加平穩，進而感覺到生活中各種事情所占的分量。即便我們無法完成必須要做的事情，至少可以說出自己做了什麼，還剩下哪些事情未做。

以一種休閒的心態高效地完成工作，這是完全可能的。誠然，如果我們想迅速圓滿地完成工作，那麼心中就要保持一種休閒的感覺。這一點其實是可以證明的。

當我們以一種休閒的心態去工作時，能夠容忍別人打斷自己，以安靜平和的態度，應對不期而至的事情，也可以隨時從積極主動的狀態，進入一種歡笑玩耍的娛樂狀態。心靈的這種轉換模式，能讓我們覺得很自在，同時還能保持很高的效率。此時，我們的大腦就像是一架剛剛加完潤滑油的機器。

不知有多少人非常害怕他們的朋友生病，這並不是因為這些朋友工作的勁頭十足，看上去無法阻擋，而是因為這些人除了工作之外，就沒有其他任何消遣了。當他們無法從事能夠令他們專注的工作時，那種痛苦的感覺是極為強烈的——這樣的反應通常會導致他們情緒低落，或是陷入憂鬱狀態。

每個人都應該在假期的休閒時光裡過的健康快樂，不管是五分鐘、五天、五周或是五個月，都應該如此。要是我們失去了生活應有的節拍，也就失去了生活應有

的平和與和諧感。

在利用時間方面，存在著一種「沉重的懶惰」，這種「懶惰」與「匆忙」或「催促」一樣，對我們的品格都有一種扭曲的作用。那些存在著「沉重的懶惰」的男女，都知道自己應該去完成某些事情，並爲自己擁有這種想法感到心滿意足，但實際上他們卻並沒有立即去做。

事實上，他們培養了這樣的習慣，就是當他們覺得某些事情應該去完成時，便自我感覺很不錯。但這實在是讓人遺憾啊！在這種志得意滿的心態裡，他們通常沒有把這些事情做好。這些人做事很少有麻利的。這些人很少真正用心去思考事情，而只是想著自己。如果你斗膽提醒他們要履行職責，有時他們會極不耐煩地跟你說，他們心裡有數。但是，如果他們「心裡有數」就是最後的結果，那麼你可能就要承受因爲沒有考慮到這個結果而帶來的指責。

要是這二人在某個時候有一個看似堅不可摧的理由去推託做某事，那麼他就會感到心滿意足。這種「沉重的懶惰」是持續拖延的結果，有趣的是，這個結果與我們因爲過於沉重的責任而感到的壓力一樣。其實，這種「沉重的懶惰」就是壓力的

第四章

時間的利用

另一種表達方式。源於懶惰的壓力，通常表現為因嫉妒而產生的惱怒與頑固。對陷入懶惰習慣的人以及他身邊的人來說，這都是一件痛苦的事情。

匆忙的人的大腦容易受到消耗，懶惰的人的大腦容易陷入停滯。多數匆忙的人由於自私之心的緣故而覺得疲憊，而懶惰的人則安於現有的舒適，讓大腦陷入停頓。不過，這兩種方法最後究竟哪一種會給人帶來更加沉重的後果，仍然需要細心觀察。

在匆忙的人與懶惰的人中間，還有一種讓人無法恭維的人，這種人就是遊手好閒的人。本應該在半小時內完成的工作，卻花費了兩個小時，這種做法實際上削弱了大腦的功能，最後導致了沉重的後果。我們不知道這種人在完成諸如穿衣服這樣簡單的行為時，是否也會存在同樣的情況，但有一點似乎可以肯定，那就是當他們還習慣對大腦所造成的後果後，就會憑藉意志，迅速有效地完成工作。改正拖遝習慣的一個好方法，就是坐下來，思考自己必須要做的事情，然後說出最為簡單的細節，說過兩遍之後，就站起來，馬上去做。

利用時間與做其他事情一樣，都需要我們在心裡默默找到一個可以維持的平衡

053

點。我們不應該渲染誇大，也不能低估所做事情的重要性。要是我們熱愛工作勝過了熱愛自己，並且願意學習真正的原則，然後應用到時間管理上，我們就會發覺，肩上的重擔正在慢慢減輕。有限的時間將不再像之前那樣，成為讓我們感到痛苦的阻礙，反而會成為對我們有幫助的指引和調節器。

金錢的壓力

為我們能擁有多少金錢而感到憂慮，這是毫無意義的，但如果我們想著如何透過金錢，獲得真正的最大的價值，那就是最有價值的。

金錢對人的壓力，主要源自三個方面：一是想要賺到比現在更多的錢；二是在擁有金錢的時候卻不願意花；三是支出大於收入。第一種金錢壓力的出現，純粹是由於我們的自私，第二種金錢壓力的出現，通常是由於我們不知道如何做到收支平衡。對於那些想用真誠的努力來實現收支平衡的人來說，他們可能要遭受更多的痛苦，很多對此不熟悉的人，對於這一點是無法理解的。

一位窮女人曾說：「我該怎麼辦呢？該怎麼辦呢？我只有自己賺的這麼一丁點錢，根本沒有其他方面的收入。孩子必須要接受教育，他們必須要吃有營養的食物，但我必須要保持良好的身體為他們賺錢，直到他們有能力為我賺錢。」

許多尚未償還的債務和孩子們不時的抱怨，使她幾乎到了神經崩潰的程度，因為她的孩子擁有的條件，比不上其他孩子。

這位女人的朋友曾經這樣對她說：「阿麗莎，為什麼你總是在晚餐時做甜點呢？這些甜點很貴的。而且從長遠來看，這些甜點也並沒有給孩子提供什麼營養啊！」

阿麗莎馬上用驚訝的口氣回答道：「什麼，晚餐後不吃甜點？那太可悲了！現

金錢的壓力

在我們已經夠寒磣的了，你難道還要讓孩子對餐桌失去興趣嗎？」

「但是，孩子們之所以時刻感到焦躁，就是因為你總是處於這種壓力之下。要是這種壓力能夠得到緩解，即便他們沒有甜點吃，他們也可能會覺得更快樂一些。」

「但是甜點只占很小一部分開銷──真的是很小一部分。如果有用的話，我以後可以不吃甜點。」

阿麗莎的回答，非常真誠與愉悅──在面對朋友的批評時，沒有任何反感的意思。她的朋友覺得自己可以暢所欲言，於是在兩人的談話結束時，她們發現至少有十五到二十樣東西，並不是這個家庭或孩子們所真正需要的。阿麗莎一開始強烈反對放棄這些東西，但最後當她與朋友一起審視這個名單之後，她就承認了自己的反對是毫無意義的。

在談話結束之後，她覺得肩上的重擔輕了，她站起來說道：「我明白了，我明白了。在我有限的薪水裡，我必須要控制開支，花些時間分辨出哪些東西是必需品、哪些東西是奢侈品，而且我必須也教會孩子去分辨。」

當朋友再一次見到阿麗莎時，阿麗莎臉上洋溢著笑容，她說：「哈哈，現在孩子都喜歡上這種遊戲了。我們在一起的時候過的很開心。讓人驚訝的是，原來我們可以放棄這麼多東西。現在孩子也學會了在物質匱乏的條件下尋找快樂，而不再像之前那樣，因為得不到一些東西而感到焦慮。」

朋友說：「我在想，要是孩子們得不到足夠的營養，或者沒有衣服來保暖，他們會怎麼樣呢？」

「我想過這個問題。」阿麗莎說，「我知道這些對孩子的影響是最大的。但我知道一點，那就是不能因為我們無法得到某些東西，而讓自己處在壓力之下，這樣的話，我們的思路就無法變得清晰，更加無法獲得想要的東西。自從我不再因為自己賺錢不多而感到焦慮後，我賺的錢反而多了。現在，我的頭腦更加靈活，工作效率也更高，這真是讓我感到欣慰。」

阿麗莎經過仔細研究，發現了一些極具營養價值，而且價格也很便宜的食物。她為孩子的健康成長提供了幫助，並且獲得了良好的結果。

缺乏金錢的人，面臨的壓力大致可以分為兩類：一是沒有足夠的錢買吃的或是

穿的，二是因為沒有足夠錢，而在朋友面前顯得寒酸。一個人是不可能透過憂慮，來讓自己賺更多的錢的，但一個人能用金錢換來什麼，卻是千差萬別。

為我們能擁有多少金錢而感到憂慮，這是毫無意義的，但如果我們想著如何透過金錢，獲得真正的最大的價值，那就是最有價值的。

人類最基本的物質需求，包括居住的場所、有營養的食物、保暖的衣物、衛生用品。只有滿足了這些最基本的需求之後，才有可能追求更為舒適與安逸的生活。

瞭解我們所吃的食物，具有哪些營養物質，知道如何飲食，才能讓我們獲得更多營養，這不是金錢能買到的。保持消化順暢，能讓我們更好地消化食物和吸收營養。我們經常看到許多人——不論是乞丐還是百萬富翁——都不知道或是不屑於瞭解，如何才能獲得最佳的健康與力量。

一個將最後一分錢，花在一塊毫無營養的餡餅上的乞丐，與那些喜歡吃山珍海味而導致消化不良的富人相比，最後的結果不是同樣都很糟糕嗎？窮人每週兩美元的飲食預算，與富人兩千美元的預算相比，其實都是一樣的，可能很有營養，也可能缺乏營養。

穿著是否得體，絕不是一個單純的金錢問題。

一個女人修剪整齊的頭髮，與一個男人毫無皺痕的外套，對於提升他們的形象，都是極有幫助的。一些人雖然很有錢，但還是沒有提升穿衣服的品味的能力——除非他們能夠按照別人的眼光去做——這要麼是因為他們天生一副邋遢樣，要麼是因為品味不佳導致。比如，男人外套上顯眼的皺痕，或是女人搭配衣服時不適合的顏色，都會破壞整體的形象。穿著得體，絕不單純是有沒有錢的問題。選擇顏色搭配的衣服，從而增強眼睛或是頭髮的魅力，這是每個女性都應具備的品味。

要是我們冷靜思考一下，不再因為沒錢購買一些東西而憂慮，而是試著將真正的需求與膚淺的欲望分開——如果我們想培養一種滿足真正需求的最佳方式，不管我們處在怎樣的生活條件下，我們都能夠驚訝地發現，自己原來可以擁有很多，也可以在自己能力範圍內獲得很多東西。

從長遠的角度來看，金錢的壓力是一個固有的觀念，只要所賺的錢，能夠滿足我們除了貪念以外的真正需求就足夠了，其他的都不是它真正的價值。

「為什麼你要這麼辛苦地工作賺錢呢？」我曾經聽到某個人這樣問別人。

「因為我想富有，我想要盡可能地富有。」

「為什麼呢？」

「如果有了錢，就能擁有更大的權力。」

「可是你的大腦只想著賺錢，等你賺夠了，假設你真的賺夠了，你大腦的其他功能也就萎縮了。那時你的唯一想法，就是繼續賺更多的錢。」

「嗯，即便是那樣，我也寧願冒這個險。」

這個人真的冒了這個風險。最後，他的大腦除了賺錢能力比較強大之外，其他的功能早已退化了，對金錢的固有觀點，已經完全控制了他。

債務，債務，這是我們在花錢時，感覺最為糟糕的壓力。一些人就是有這種陷入債務的習慣。我認識一個人，他似乎天生就有一種陷入債務的傾向。我也遇到不少類似他這樣的人，但我覺得他是非常特殊的一個人，因為他現在擺脫了債務，過上了幸福的生活。他下定決心要擺脫債務，在他償還了所有的債務後，他覺得很不自然。於是，在接下來的幾個星期裡，他又向別人借錢，此時，債務帶給他的軟弱感是那麼強烈，讓他看到了全新的自己，從此都不敢再陷入債務了。即使手

頭沒錢，他也不再向別人借錢了。

很多人從小就很難認識到金錢的價值，這些人給他們的朋友，造成了金錢上的壓力。對他們來說，金錢似乎無足輕重，時常在揮霍金錢的過程，讓他們感到愉悅和自在，即使是花別人的錢，他們也覺得心安理得。

我認識的一個男孩堅持要退學，目的是要賺錢補貼母親，他的母親非常貧窮，每天都要為了給孩子提供麵包與乳酪而努力掙扎。這個男孩不得不離開學校，這的確讓人感到遺憾，因為他喜歡學習，但他在某個地方，找到了一份週薪三美元的工作，他就像一個勇敢的男孩那樣去工作了。當收穫了自己的第一份薪水時，他立即去買了糖果、鮮花及產自法國的小領結，然後高興地帶回了家。當母親看到這些東西時，失望地哭了，但男孩對此無法理解。正是在母親耐心的愛意中，他才逐漸明白金錢的真正價值所在，也明白了如何做到真正的收支平衡。

很多人會在突然間獲得一大筆財富，特別是那些到美國西部挖金的人──這些人的祖祖輩輩都是勞工，這對我們真的很有教益。很多一夜暴富的人，都難易認識到金錢的真正價值，他們花錢如流水，最後直到金錢全部花光了，又變回窮人。

金錢的壓力

我們經常看到一些人在某方面極為吝嗇，但在其他方面卻花錢不眨眼。花錢如流水與過分摳門，都不是實現收支平衡的好方法。在花錢時過分吝嗇、摳門，節約不該節約的錢，這是錯誤的，正如我們不應該毫無節制地花錢一樣。要想憑藉聰明才智，在收支上取得平衡，不是一件容易的事，不過我們可以培養這種能力。

如果我們做到了收支平衡，不受賺錢、守錢及花錢這三種壓力的控制，同時我們還能在租房、食物、衣服等方面之外剩下不少錢，我們就能夠在其他方面明智地花錢，不論是為了別人還是為了自己，都是如此。

我們追求的是金錢上的平衡。金錢本身是沒有任何價值的，它只是代表一種價值而已。我們必須要理解，我們所獲的金錢，代表著我們付出的辛勤勞動獲得了回報，而我們花費的金錢，其實是我們在有償地索取別人的服務，這些都是用金錢的形式，來換取真正的服務價值。

因為金錢在這個世界上，發揮著如此巨大的影響，所以如何使用金錢，就反映了我們是否擁有真正的慷慨大度與平衡的品格。倘若我們現在比較窮，如果必須的話，我們可以過的苦一點，但也要做到收支平衡。我們也應該認識到千萬不要去嫉

妒富人，也不要因為別人擁有自己無法買到的東西而惱怒。如果別人具備買到奢侈品的經濟實力，那麼就讓他們去買吧——假如他們能很好地利用金錢的話。如果我們沒錢買奢侈品，那也要心安理得，好好地珍惜我們所擁有的東西。

很多人都說，他們想要得到金錢的目的是為了幫助別人。絕大多數人這樣想，都是在自欺欺人。一個真正具有奉獻精神的人，在財富不多的情況下，依然能夠給鄰居提供實實在在的服務。我們要明白，只要有心，就可以向別人奉獻愛，並不一定要等到我們有錢的時候。

我們可在以下三方面實行節約——節約精力、節約金錢與節約時間，並且在這三者中，找到一個最佳的平衡點。當然，每個人在如何分配金錢方面的行為是有所區別的，應該按照實際情況區別對待。

要是一個人真想獲得金錢、時間與力量的話，那麼他就肯定能得到，他也能發現自己這樣做背後潛藏的自私動機。要是能夠在這三者中間找到真正的平衡點，就會發現這自始至終都是自我的一種表現形式，那時候，我們就能真正找到生活的平衡點。

第六章

一些怨恨

怨恨就像是燃燒過後的煙霧，雖然升的不高，但想要完全散去卻不太容易。

「你這個淘氣的孩子，爲什麼要扇弟弟的耳光？」

「是他先扇我的。」

「難道他先扇你耳光，你就有理由扇他嗎？」母親用雙手搖了一下孩子，讓他坐在椅子的一角，告訴他只有等到她允許的時候，他才能站起來。接著，母親滿懷惱怒與氣憤的心情走出房間，用手拉著她那第二個不聽話的孩子。

沒過多久，母親想要去托兒所辦些事情，受罰的孩子就想跟母親套交情。

「媽媽，現在我可以站起來了嗎？」

「不行！」母親以稍微柔和的語氣回答，「你必須坐在那裡，直到你認識到自己的行爲是錯誤的，明白自己那樣做對弟弟有多麼不公平。」

過了一會兒，孩子問道：「媽媽？」

「親愛的，怎麼了？」

「你之前不是說過嗎？弟弟扇了我的耳光，但這卻不是我扇他耳光的理由嗎？」

「是的。」

「為什麼呢?」

「因為當別人對我們做了不友善的事情時,我們也應該特別友善地對待別人。」母親回答。

「媽媽?」

「怎麼了?」

「當我淘氣的時候,我是不是對你很不友善呢?」

「是的,你對我很不好。」

「嗯,既然這樣,為什麼你就不能特別友善地對待我呢?為什麼你要搖我一下,並且讓我坐這麼久呢?還有,媽媽,你似乎對我很生氣。」

母親的內心有一股憤怒的情緒在慢慢滋生,但她是一位睿智的母親,沒有展現出這股憤怒,而是一言不發地迅速離開了房間。她愛自己的孩子,這個孩子雖小,但人小鬼大,之前已經給了她很多教訓,但從沒有像今天這次如此深刻。

她逕直回到自己的房間,關上門,坐在椅子上思考。她清楚地知道自己懲罰孩子,是因為對孩子淘氣的行為感到憤怒。事實上,她做出的反應,與孩子扇弟弟耳

光時的表現是完全一樣的，只不過她的年紀更大一些，更能將這種所謂的正義付諸實踐而已。

若是這位母親的覺悟不夠高，那麼她可能會覺得自己那樣做是極為正義的，然後就將這事忘記了。但是，她是一位洞察事理的母親，清楚地看到了自己的行為，與兒子的行為其實是毫無差別的，只不過她擁有懲罰的權利罷了。

與此同時，她的內心對孩子充滿了無限的愛意，雖然孩子在某些方面比她看的更加清楚，但她對於這個事實的瞭解和預設，則顯示出了自己的成熟。思考過後，她立即走出房間，與兒子解釋清楚並和好。從那以後，她成為孩子更好的母親，而孩子也成為母親更好的兒子。

這位母親對自己憤怒的情緒感到後悔，並為自己能夠發現這種情況而感到高興。當孩子的父親回家時，她正給孩子講著睡前故事。當孩子過來向他們道晚安並準備上床睡覺的時候，父親看了一下手錶，以稍微暴躁的語氣說：「瑪麗，我也希望晚餐能夠準時，可是時間可能要比我們預想晚半個小時。今晚我還有個應酬。」

瑪麗心中的怒火立即燃起，不假思索地說道：「你這也太誇張了，我好不容易

才等到一位好的廚師，你總是——」瑪麗突然停住了，因為她意識到自己的這種情緒，與早上懲罰兒子時的情緒是一樣的。

丈夫意識到了瑪麗突然的停頓，於是瑪麗就向丈夫說了早上發生的事情，然後坦誠為什麼自己剛才突然停頓了。

當天晚上，一些朋友過來拜訪，他們談論到一本瑪麗特別喜歡的書。

其中一位朋友在聽到這本書的時候，大聲笑了起來，並以嘲諷的語氣談論這本書。瑪麗當時就想立即開口進行尖銳的反擊，但她還是在開口之前控制住了自己，因為這也是同一種憤怒的心情。在朋友們離開後，瑪麗坐在沙發上，精神處於一種無比震驚的狀態。

「怎麼會這樣呢？我怨恨所有的事情！我恨剛才那個女人所穿的衣服，那衣服真是太沒品味了，穿在她身上根本不合適！我怨恨那些人，因為他們去看過歌劇，而我們卻沒有錢去看！我真是一個傻子，我這一輩子都帶著這樣骯髒自私的情感，可我竟然不知道！」

正當瑪麗一直在心裡反思自己，為什麼羨慕與怨恨別人的時候，她的丈夫走了

過來，坐在她身旁。

「瑪麗，」丈夫說，「我一直都想不明白一件事——客戶不按著我為他制定的計畫去做，結果造成了損失，雖然受損失的不是我，但我還是感到生氣，有時候甚至無法控制。就在我即將爆發的時候，我突然這樣想——『為什麼要這樣呢？那個傢伙對我也沒有造成什麼損失，而我卻憤怒得想要殺了他！』」他的妻子笑了，他們倆都笑了。

第二天，丈夫詹姆斯回家後，用悲喜參半的語氣對妻子說：「我今天怨恨了一天，因為別人搶了我一直想要的案子；我怨恨，因為我的手下不小心割到了手指；我怨恨，因為我的打字員犯了一個很低級的錯誤；我怨恨，因為在吃午飯的時候，服務員讓我等了很久！這難道不讓人覺得奇怪嗎？你覺得我們的生活，是不是都潛伏著一種不易覺察的怨恨之心呢？我們現在是不是敏銳地發現了這一點呢？」

「我經常注意到這一點，」瑪麗說，「當我在某方面受到啟發，就會想要在這方面瞭解更多。」這時，她並沒有說出自己那麼做的目的，因為她想要真正地發現自己，這也是她現在正在做的。

而另一位母親，面對著自己略帶哲學家頭腦的兒子的發問，反而將與自己頂嘴的孩子斥為「淘氣的小男孩」，而不會對孩子的疑問進行思考。

正是因為瑪麗對於真心發現自己這件事感興趣，才會激勵丈夫也去找尋真正的自我，現在他們倆一起走在發現自我的道路上，卻沒有陷入一種病態的自我審查的習慣中去。他們這樣做是非常有益的。那些對發現真正自我感到高興的人，都不會陷入病態的自我審查中。在解決內心怨恨這件事情上，只有全面瞭解，才能讓我們獲得充分的自信，沒有更好的辦法。

怨恨就像是燃燒過後的煙霧，雖然升的不高，但想要完全散去卻不太容易。這種「煙霧」始終在那裡，只要別人有一點點言語上的提醒，就會像遇到了一陣清風一樣吹過腦海，讓大腦無法認清事實。

一些人對著我們無理取鬧！呼呼！喲呦！一想到這裡，我們的怨恨之心又上來了。在那一瞬間，大腦就發熱了，變得認不清事實真相，神經處於一種亢奮狀態。

我們越覺得自己應該受到他人的批評，這種怨恨之心就生發的越快，強度也越大。

一些人做了一些事或是說了一些話，然後我們就覺得自己的自尊被傷害了，覺

內在信念
的力量

得別人那樣的說法，真是太粗暴、太魯莽與缺乏教養了——甚至還會覺得那是殘忍

的。接著，我們的怨恨之心便上來了。在我們尚未意識到的時候，大腦就被燃燒後

的煙霧遮蔽，不知道該如何進行回答，不知道該怎樣不卑不亢地進行反擊。

不卑不亢與怨恨，是不可能同時存在於同一個人身上的。

良好的判斷力與怨恨，是不可能同時存在於同一個人身上的。

在慷慨大度的善心與怨恨之間，存在著一條難以逾越的鴻溝。不論我們覺得自

己是多麼誠心地為別人服務——如果這種誠心染上了怨恨的惡習，那我們就必須要

養成一種擺脫怨恨的習慣，否則我們為別人服務的行為就缺乏真誠。

即便我們學會了如何將怨恨之心扼殺在萌芽中，我們也要隨時保持警惕。

怨恨會蒙蔽大腦，讓神經系統感到困乏。

在運用非對抗性法則時，有這樣一條法則——絕對不允許自己對對手所說的話

感到惱怒。

所有的哲學家都知道，怨恨是極為愚蠢的，而且絕對是諸多愚蠢中最為愚蠢

的。但是，很多哲學家卻不知道，壓抑、怨恨之心會對我們造成多麼大的傷害。

我可以努力避免由於怨恨而說一些話或是做一些事，因為這樣的言行或是想法，會影響自己所能得到的利益——因為這會讓我在與別人競爭時處於劣勢。同時，我也可以拒絕在心中滿懷怨恨的時候說話、做事，因為怨恨本身就是我所憎恨的邪惡，因為我喜歡一種真正對人有幫助的安靜的力量，並希望用這種安靜的力量來克服怨恨。

在第一個階段，我只能依靠自己的意志力，來壓制這種怨恨之心，但它肯定還會在某個時候突然爆發，也會以其他方式給我帶來傷害。在第二個階段，我能夠逐漸清除這種怨恨之心，並努力透過清除殘餘的怨恨，來實現真正的自由。

怨恨，只是軟弱時內心與奮的一種表現形式而已，永遠都不可能對我們有什麼好處。相反，它還會給我們帶來巨大的傷害。怨恨讓我們的大腦處於一種慢性的惱怒狀態之中，導致我們消化不良、身體孱弱——是的，怨恨還是消化不良的一大原因，它會影響我們的工作效率、扭曲我們的品格、抹黑我們的靈魂。

在我們擺脫怨恨之心的道路上，存在的主要障礙，就是絕大多數人根本不想真正地發現自己。要是我們真正想發現自己，就會努力地挖掘自己，那麼我們很快就

會驚訝地發現，原來怨恨之心一直躲在我們從未想過的角落裡。之後，我們會開始培養一種讓自己不受怨恨控制的習慣，不久後，我們就會發現大腦、神經與身體都變得輕鬆，心中充滿了喜樂——為自己能夠生活在這個美好的世界，並找到屬於自己的位置而心存感激、心存善念。

第七章

藉口與託詞

如果你想揭露別人虛假的藉口，
那就必須要以安靜、友善的耐心來對待別人。

正當我們準備出發去看演出的時候，一個人問道：「我們的票呢？」這時，簡

以特有的聲音驚歡道：「糟糕！我忘了訂票了！」我們立即打電話詢問票務，但戲

劇馬上就要開始了，因為時間太晚了，已經沒票了。每個原本想著下午可以看場好

戲的人，都感到非常失望。

「簡，你怎麼會忘記呢？」母親問，「我一周前就跟你說要訂好票。」

「媽媽，我知道。但我這一周都很忙，忙得簡直是暈頭轉向。」

「星期一下午你並不忙啊，因為我看到你正在看一本小說。」

「是的，但後來你就出去了，就在你出去之後沒多久，我就想要打電話訂票，

但我不知道你們想要坐什麼位置。」

「星期二，」母親說，「我一整天都在家啊，你也在家。你隨時都可以問我想

要坐哪裡啊。」

「是的。那天我打過一次電話，想要訂票，但是一直占線。」

就這樣，這母女倆繼續你來我往地對話，簡隨意地回答母親的問題，每次都說

上一大堆藉口，卻堅決不承認自己沒有做好別人交代的事情，沒有做好自己答應過

別人的事情。

有些人，準確地說是很多人，都會採用這種迂迴式的辯解方式。他們不是勇於承認自己的錯誤，而是千方百計地為自己開脫，這真讓人覺得可笑與愚蠢。如果我犯錯了，就讓我大膽地站出來承認自己的錯誤，這樣的話，我就有勇氣認錯，而不是被內心一些不情願的想法所蒙蔽。

如果我犯錯了卻不願意認錯，這種不正常的情況通常是有兩種原因：一是錯誤本身造成的，二是我們必須要對自己或其他人撒一系列的謊，來造成一種假像。如果我犯錯了，並且勇敢坦率地去承認，然後就有改錯的勇氣與力量。一般來說，這樣能讓我們在短時間內認清並改正自己的錯誤。我們會發現自己正在朝著更為美好、健康的道路前進，如果認識不到這一點，我們就會無限期地背負著這個沉重的負擔。

如果我們的臉髒了，就會馬上照鏡子，看看髒東西在臉上哪個位置，然後立刻清洗乾淨。如果我們有一個壞習慣，這在鏡子中是無法看到的，可是我們的一些朋友，卻能充當是一面「鏡子」，他們透過模仿我們的一些行為，就會讓我們瞭解到

自己的壞習慣。這樣的話，我們就能夠認清自己。與此同時，我們可以找到適當的方法，然後努力加以改正，直到獲得最後的自由。

要想擺脫這些壞習慣，我們一定要意識到這種思想上的慣性，要時刻防範這種慣性對我們所產生的不良作用。要想完全認清自身錯誤的狀態，並不是一件容易事。很多人都選擇繼續保持原先那種極端自私的性格，因為他們這種習慣已經形成了，這讓他們覺得舒服自在，雖然他們身邊的人，可能會因此覺得痛苦。

我曾認識一個女人，她說話時發音含糊，幾乎每個人都要費很大的勁，才能聽明白她想說什麼。後來，她努力地學著糾正自己的發音。不過，在她看來，正常的發音是那麼不自然、不舒服，於是她又恢復了以前那種說話含糊的習慣——而不是堅持把語速放慢，說清楚點，以免朋友無法理解自己的話。

對此，她給出的藉口是，故意放慢語速，會讓覺得自己在別人面前顯得很突兀，而她自己也感覺很彆扭，她無法忍受別人將目光聚集在自己身上的那種感覺。

很多人都有長期養成的不良習慣，只要他們稍一努力去改變自己，內心就會激起一個又一個反對的藉口，以此來證明自己沒必要去改變，或是無法改變這個事實。

一些人無法接受這樣一個事實，那就是自己身上存在著很多缺點，接受這個事實，讓他們覺得很傷心。在這一方面，女人表現的特別強烈。很多女人不願意面對自己的自私行為，因為這讓她們感到傷心。當然，她們也不會毫無遮攔地表達出來，她們會說：「如果你這樣看我的話，我真的無法忍受，因為這實在是太可惡了。」她們會指責你太過無情和殘忍，有時你甚至會覺得，她們說的很有道理，因為她們把自己弄得就像一隻「被鞭打過的小狗」。

只有在你冷靜地觀察這些人一段時間之後，才能發現事情的真相——那些指責你過於無情的女人，其實是在為自己的自私做辯護。她以自己無法承受你的批評為藉口，因為她不願意聽到這樣的批評。至於你提出的批評是否正確，並不是她所關注的。

我認識一個男子，他時刻都抱怨母親對自己的專橫愛意，因為那讓他感到束縛，無法獲得自由。他每做一個決定，都要受到母親的影響，她根本感覺不到生活的自由。我問他為什麼不試著掙扎一下，以平靜與友善的方式，指出母親的錯誤，他說：「我試過了，但這讓她感到極為傷心，有一段時間，她甚至覺得自己快要死

內在信念
的力量

了，並且把她這種感受告訴了我。」

當然，這個男子的為人也比較軟弱，不敢掙脫母親的束縛。當你的某位親人對你說，如果你指出他的過錯，那麼還不如殺了他。如果你覺得說出別人的缺點，會給別人造成一種比殺了他們更大的痛苦的時候，你再堅持把真相說出來的行為，就顯得太殘忍了。

和那些在心裡設置了層層屏障的人進行爭論，是毫無意義的，因為他們會躲在屏障的後面來抵擋痛苦，與其進行爭論的嘗試，只會激發他們尋找種種「藉口」，對那些大腦思路清晰的人來說，一旦陷入「藉口」背後的漩渦，就很難驅散腦海裡的迷霧。唯一的辦法，就是按照你所知道的正確方法去默默生活，然後盡量少為自己找藉口。

當你必須要面對別人找藉口的情況時，就用問題來回應別人的藉口，而不是指責那人，或是斷定那人是在找藉口。如果你想幫助別人認清自己的錯誤，那就永遠不要指責別人。

「你說我不能向你表明我的想法，因為我覺得你在這件事上犯了錯，你無法接

080

受這個觀點。我說的對嗎？」

「是的，我就是這個意思。」

「那我們就不能再討論這個問題了，對吧？」

「是的，我們不能討論，因為我不想聽。」

「很好，如果你不想聽，那我們就不說。」

你與朋友談論的這件事，到此就結束了。你必須就此打住，為朋友留下足夠的空間，或者你可以將話題變得更為輕鬆和有趣。

這一系列對話所展現出來的結果，一般都要很晚才能出現。你平靜的問話口氣會讓人覺得，這些都是非常荒謬的藉口，在這之後，那個找藉口的人可能就會有所領悟，這樣你就有機會與他進行平靜的溝通，這樣的效果靠指責是無法獲得的。要是你一昧地指責他們，他們肯定會心存怨恨，時間將會變成讓他們心中滋生怨恨的溫床，卻無法讓他們慢慢看清，掩蓋在藉口背後的那種空虛的感覺。

如果你想揭露別人虛假的藉口，那就必須要以安靜、友善的耐心來對待別人。

如果你不能友善地向他提出問題，你最好還是不要去問。

耐心地關注別人所持有的藉口，這能夠幫助我們更好地看清楚找藉口的動機。

「他讓我很生氣，我不想和他說話！」這是很多人為自己的粗魯或不公平的做法所找的藉口。認識到這一點，能夠讓我們第一次如此清楚地看到，這些人有多麼愚蠢。

我們之前可能從沒有想到過一點，就是我們不能任由自己變得憤怒或是感到不滿，我們應該讓自己的心態變的平和，而不是讓憤怒或是惱怒的情緒，佔據我們的內心。無論一個人表現的多麼不公平或是讓人反感，在我個人看來，要是我因為他而生氣或惱怒，這完全是自己的過錯。雖然我們可以經常容忍別人因為不明事理而找藉口，但我們最好永遠都別找藉口。

每個人都可以把自身特殊的性情當作藉口。「我真的忍不住要發脾氣了！」或者是，「那樣的話，就沒人能夠幫助我了。如果你想要幫助我的話，那你就需要換一種方法。」

「我覺得自己還可以做的更好，但我沒有足夠堅強的品格，我只是現在還沒有而已。」

你找到屬於自己的藉口了嗎？

「我不知道怎麼會變成這樣，但不知道為什麼，我總是無法做到準時，我始終做不到井井有條，我就是這個樣子，」

「你是聽誰說過自己變成這個樣子，就永遠都會這個樣子呢？」

接下來，藉口就是：「這就是我的性格」。

難道你不知道一個人對於自身性格的誤解，其實並不是性格本身嗎？每一種性格都有自身的優點和缺點。事實上，每個人天生都遺傳了某一種性格，這種性格中都會有一點扭曲，但是人生的工作，就要努力剔除這些扭曲的成分，展現出自身善良好的一面，這樣的性格，能夠幫助我們取得成績。

所有將自私或邪惡行為，歸結於自身「藝術氣質」的人如果都能意識到，他們其實是在為自己扭曲的性格找藉口，而不是為性格本身找藉口，這樣的話，他們就能避免許多毫無必要的痛苦與悲傷。當某個人用一個根本不靠譜的藉口，來掩飾自身的錯誤行為，他腦海中就會冒出很多理直氣壯的理由，來支撐他所持的觀點，並認為自己這樣的藉口是很有理據的。

爭論之所以顯得愚蠢，是因爲這樣做通常會激怒和他談話的人，接下來肯定是

一系列的「回嘴」——這是被激怒後一種非理性邏輯的表現——最後的收場，肯定是一種帶有孩子氣的無理取鬧。一個人揭穿一個藉口，另一個人再找其他的藉口，就這樣來來回回，這種對話場景，我們已經見得太多了。在大腦衝動的情況下，這種事我們不知道幹過多少次。

這讓我想起了一個故事，內容是關於兩個黑人打架的。其中一個能言善辯的黑人，對另一個黑人說了很多惡毒的話，最後他不得不停下來喘口氣，而被罵得狗血淋頭的那個黑人，已經氣得說不出話來，只能結結巴巴地說道：「你對我說的那些話，都是在說你自己！」

在毫無意義的「唇槍舌劍」中，我們與這兩個黑人其實是沒有區別的。不論我們如何用不帶髒話的字眼去罵人，其實在心裡早已經將對方罵了千百遍。唯一安全的做法，就是當我們感覺到爭論過程中，出現了惱怒的情緒，就要馬上停下來！不論你的對手看起來有多麼強詞奪理，即便真的如此，也都要停下來。如果我們覺得自己有點火大，也要停下來。

要想我們能夠在對話過程中，不動聲色地放下自己的惱怒情緒，只有經過多次訓練才能做到，否則就不夠保險。如果對手感到惱怒，那麼他的惱怒情緒就會刺激到我們。如果可以的話，雙方就在相互尊重的前提下，說明彼此的惱怒情緒，然後雙方約定。一旦出現這樣的情況，就暫停交談，等雙方冷靜下來後，再慢慢交談。

接下來，我們要努力做一些有價值的事：清除心中的惱怒情緒，用意志力和安靜的祈禱，趕走這種情緒，一旦出現了這種情緒，就要努力地消滅它，使它無法在心裡找到能夠落腳的地方。

「回嘴」不僅廉價，而且毫無意義，甚至還會給我們帶來一種毀滅的危險。

「回嘴」的傾向，必須要在萌芽時將其扼殺，直到我們完全克服了這個習慣。在我們完全從「回嘴」的奴役中獲得自由以前，必須要放棄自己各種隨意而為的想法，直到最後使內心獲得平靜與自由。這樣做的第一個結果，就是內心再也不願意為自己找任何藉口了，它使我們培養了一種在別人說話時，保持安靜與尊重態度的習慣。

藉口催生「回嘴」，藉口與「回嘴」聯手，斬斷了人們進行真正交流的紐帶。

讓我們努力擺脫二者的桎梏，與別人開放地對話、交流，並從中獲得力量與歡樂。

如何克服敏感的性情？

敏感的性情不只會扭曲人們對於美好事物的認識，還會讓人受到這種性情的控制。

不論對我們還是對他人而言，真正想解決個人的敏感性情，首先就應該認識

到，人類的敏感性情其實是一種極為重要的天賦。不論什麼人，都應該將它看作一

種需要真心珍視的天賦，並且在內心對此存著一種感激之情。

「如果簡能夠不那麼敏感，她肯定能過的更加開心──比現在開心很多，同時

也能讓別人覺得更加開心。她的情感那麼容易就會受到傷害，這真是讓人遺憾。」

這話說的很對。如果簡沒有那麼敏感，她的生活就會過的更舒服、更自在，也

不會給別人帶來困擾。一個女人越是愚蠢和冷漠，過的就越是舒服自在，也不會給

鄰居帶來毫無必要的煩惱。要是我們真心審視這種觀點，就會發現它所說的，其實

是一頭吃飽了就睡、過得優哉遊哉的豬。豬並不會因為環境條件有限而痛苦，而是

悠閒地待在豬圈裡，吃飽、睡飽，最後變成人類餐桌上的食物。

如果想從某一種觀點來發現真正的價值，就可以使用這種極端的邏輯推理方

法，或是由這種方法得出的結論，然後看我們是否真的需要這個結論，並做出最後

的判斷。

事實上，不只是這個方面，在很多方面，這種邏輯推理方法都是非常奏效的。

如何克服敏感的性情？

當然，我們現在需要單獨就個人敏感性情的話題展開討論。

一種樂器，它的做工越精細，對於演奏的反應就越迅速，這種樂器就越具有價值。音樂家不會認為班卓琴的價值要高於小提琴。同理，我們可以說，一個人的性情越是敏感、細膩，他對於環境的反應就越大，這也更能激發出他的創造力。當然，我們認為這對人性也是適用的。

一個人的性情越是敏感，他對身邊人的反應就越是迅速，就更能發揮出自身的才華。一個人的耳朵對音樂特別敏感，他就可能成為傑出的音樂家。一個人的眼睛對色彩與形狀特別敏感，他就可能成為傑出的藝術家。

我們知道，一般來說，這樣的例子是成立的，但為什麼我們的個性與性情就不能完全適用呢？事實上，一個人越是敏感，他的潛能就越大，他能夠察覺出哪裡存在著不和諧，然後用自己的意志去克服，更加主動地發揮自身的潛能，營造出一種和諧的局面。

那麼，一個人的敏感性情到底是怎麼回事呢？為什麼性情敏感的人，看上去都很軟弱、都缺乏效率呢？個人的敏感性情，其實是對美好事物的一種扭曲，事實

上，敏感的性情不只會扭曲人們對於美好事物的認識，還會讓人受到這種性情的控制，讓他的這種天賦失去發揮的空間，還會反過來不斷地瓦解他，讓他變的軟弱。

要是那些遭受過敏感性情的痛苦的人，瞭解這種毀滅性的危險，他們就不會義無反顧地想著如何擺脫這種危險。當然，如果這種敏感性情是適度的，不會給個人帶來危險，那麼就應該充分地利用這種天賦。

如果這篇文章，能夠給那些遭受過敏性情的痛苦的讀者開出一個「藥方」，並獲得他們的認可，我將感到非常榮幸。如果他們能夠按著我開出的「藥方」來「治病」，過一段時間之後，他們肯定能夠有所收穫。

首先，我要重申一點，你們應該為自己擁有敏感的性情而心存感激，你絕對是需要這種性情的。第二，要將興趣點放在如何努力擺脫個人敏感性情的過程中，而不是將注意力集中在自己的情感受到傷害的這個事實上，無論發生什麼樣的傷害，都不要沉湎其中。

瑪利亞說：「哦！我真希望自己能夠擺脫這種病態的敏感性情，它實在是太恐怖了。我敢肯定，沒有人會知道我有多麼痛苦。」當別人責備她，不管是有意或是

如何克服敏感的性情？

無心，都會使她陷入自我憐憫的泥潭。如果你對她說，現在應該重新站起來了，她會感到憤怒，對你說：「要是別人這樣對待你的話，你也不會好受的。」

每當詹姆斯走進一個房間，就會留意房間裡其他的人，是否對自己給予了適當的尊重。蘇珊的鄰居請客人們自便，因此忘了把奶油遞給她，蘇珊於是就坐在桌子後面，緊緊靠著一個角落，蜷縮成一團。諸如詹姆斯、蘇珊、瑪利亞或是簡這樣的人，即使別人沒有數落他們，他們也會感到莫名的失望。他們總是忙著尋找別人的責備，以至於在腦海中經常會幻想這樣的場景出現。別人說的毫無冒犯的話語，也都會被他們牢牢地記在心裡，從而使他們的自尊心受到嚴重的傷害。

但是，簡、蘇珊、瑪利亞與詹姆斯同時也都遭受著敏感個性所帶來的痛苦，他們也意識到，這絕對是一種毫無必要的束縛。但是，他們還是寧願沉湎在一種情感傷害中，而不是想著如何獲得解脫。

讀者們——如果你也正遭受著這種痛苦，那麼直接面對自己，審視一下，當你敏感的性情被喚起以後，比起怎樣擺脫這種感覺來，難道你不是更加關注自己的情感是否受到了傷害嗎？看看你身邊的人，看看他們遇到這種情況時是如何處理的，

看看到底是什麼刺激了他們敏感的性情，然後從中找到真正的自由。

不論我們之前是不是已經習慣了某種不正常的心態，只要我們能夠依靠自己的意志，找到解決問題的藥方，就不會讓人生之帆完全失去可以憑藉的風的力量。但是，問題在於，我們的心態很消極，而個人敏感的情感卻非常「積極」。很多時候我們都是用一種消極的情緒去克服它，但我們真正的意圖卻不在這方面。如果真的能夠依靠自己的意志來克制敏感情緒，並能堅持不懈的話，我們就將驚訝地看到，自己的情緒可以迅速變的積極，並且趕走所有對我們生活造成毀滅性打擊的情感。

詹姆斯走開了，在特別需要他記住瑪利亞的時候，他卻將她忘記了。

「詹姆斯，我為他那麼努力，為他承受了那麼多痛苦，但他竟然無視於我，將我遺忘了。」

「瑪利亞，先別管那個。在這個例子裡，你從未忘記詹姆斯，並一直在為詹姆斯努力，這一點與詹姆斯偶爾將你忘記比起來，哪一個讓你覺得更可悲？」

「這還用說？當然是為詹姆斯而努力了！」

「那你為什麼還要覺得自己可憐呢？為什麼不對詹姆斯的行為感到遺憾呢？」

如何克服敏感的性情？

「因爲詹姆斯把我忘了，這讓我很受傷。」

「如果你不想讓自己的感情受傷害，不想因爲詹姆斯忘了自己而痛苦，不如就將全部心思迅速投入到工作上，以此來幫助詹姆斯變的更細心，假設你覺得詹姆斯可能有用自身能量的方式嗎？又或者你還可以採用更好的方式，假設你覺得詹姆斯可能有一些好的理由，例如他還沒有養成細心待人的習慣，他也有屬於自己的煩惱等等，爲詹姆斯找一個合理的解釋，能夠讓你更好地瞭解他，也能夠讓他知道你是他更好的朋友。你要做的不是由於他忽視了你而生氣地悶坐在那裡。」

「嗯，嗯，嗯，」瑪利亞說，「這些我都知道，但我在情感受到傷害時，始終無法停止去想這些，我只是沉淪其中、無法自拔。要是我選擇了其他方式，不僅能讓我忘掉自己的痛苦，還能夠幫助到詹姆斯，那肯定是再好不過了。但這對我來說如鯁在喉，就像讓我在牙痛時吃飯一樣，實在是太難受了。」

「瑪利亞，你覺得要是真的能夠拋棄了自己這種敏感情緒的話，你能不能變的更高興一些呢？你是否真的相信自己，確實是真心誠意地想要努力拋棄這種情緒的？」

「是的，就是這樣。為了擺脫這種敏感情緒，我願意做任何事情。」

「嗯，既然這樣的話，那麼就集中精神，好好地聽，我將教會你怎麼去做——

當你牙痛的時候，吃飯時記得用另一邊牙齒去吃。」

當你的情感受到了傷害，不要從痛苦的一面出發去行動、說話或是思考——要等你覺得自己已經擺脫了這種受傷的情感之後，才去做心靈認為正確的事情。首先，你需要與自己的心靈對話。你必須要意識到一點，所謂受傷的情感，在絕大多數情況下，都只不過是受傷的自私罷了。告訴自己，你之所以感到受傷，是因為你沒有獲得別人的關注，受傷的只不過是你那種想要獲得別人讚美的情緒罷了。

當然，受傷的情感會用各種各樣的藉口來搪塞，從絕對自私的角度來看，這都是極為合理的，但你肯定不願意聽到這些藉口。你要全身心地關注導致你情感受傷的、最為核心的原因和根源，勇敢地直面自私的根源，然後拒絕與之發生任何聯繫。

每天在出門的時候，都抱著一種盼望周圍的人都來傷害你的態度，這樣你就可以慢慢地鍛煉自己去無視這種痛苦了。每當你覺得自己情感受傷時，就將這些經歷

如何克服敏感的性情？

變成一種鍛煉，讓自己慢慢從中解脫出來。這樣做並不會讓你變的麻木，相反，你會越來越充滿活力，智力上也會變的更加敏感，你將獲得自由，可以更加幸福地利用自身的敏感性情。

這種鍛煉方法絕不是要分散我們的注意力，也不是讓我們專注於其他事情，更不是讓我們從不正常的敏感情緒中抽離出來，以至於在下次的情緒襲擊中變的不堪一擊。只有找到自私背後的原因，正視它、拒絕它，我們才能獲得一種真正對我們有益的情緒。當我們處在獲得自由的過程中時，即便我們已經忽視了受傷的情感，但這種受傷的情感，還是會持續很長一段時間。有時，它會出其不意地冒上心頭，給我們帶來一陣劇痛，造成一種我們似乎永遠都無法擺脫它的假象。

誠然，我們永遠都無法擺脫這種受傷的情感，但我們可以透過意志，以積極的心態來看待，並朝著追求自由的方向前進，那麼這種敏感的習慣就會消失。就目前所知，我們在過去或多或少都是一個性情敏感的人，但我們有意識地與之進行了艱苦的鬥爭，這種鬥爭於是漸漸變成了一種潛意識，直到有一天，我們醒來之後，突然發現這種習慣已經消失不見了，這時，你可能還會感到十分詫異。

即便如此，我們依然不能過分的自信，因為這可能是對我們的一個考驗，因為個人的敏感性情，是一種非常微妙的東西，它會以各種細微的方式呈現出來，要想完全根除的話，需要耐心地與之進行長時間的鬥爭。

在與別人打交道的時候，我們必須要保持一種溫和、靈活的態度，同時做到積極、向上與友善。嘲笑別人的敏感性情，或是企圖透過不斷的指責來幫助他們，都是無濟於事的。

如果由於他人不斷的指責，而讓自己敏感的性情變得麻木，那麼這種麻木只會有一個結果——死亡。這一點是我們必須要牢記的。當敏感的性情擺脫了個人的成見，他就可以健康地利用這種性情。我們很快就能發現別人的指責，有時候甚至比常人還要快，但我們並不會為此感到痛苦，只會為對方感到遺憾，我們想的是如何幫助別人，而不是如何阻擋別人。

在我們清除了自身個性中扭曲的成分之後，敏感的性情就能更為真實地看到，人性在各個階段的表現。當我們的自私以各種形式表現出來，並且給我們帶來消極的態度時，我們的進步就會緩慢、沉重，令人難以忍受。當我們用積極的態度壓制消極

如何克服敏感的性情？

住各種誘惑以後，我們就能與天國的法則同行，不懼地獄的烈火。任何事情都是我們的興趣決定的，只要這種興趣能夠沿著真實與積極的方向前進就行了。

自私的痛苦

當我們出於自私的目的，
去承擔別人痛苦的時候，
對別人是沒有任何幫助的，
因為我們的自私讓自己失去了這種作用。

「你有沒有幫到她？」

「沒有。她陷入深深的痛苦中，根本聽不進我的話，甚至都不想和我說話。」

「你真是太殘忍了！你說話怎麼能這麼無情呢？她現在陷入低谷，遇到了各種讓她感到失望的事情，還要面對你這麼可怕的人，難怪她會崩潰。你肯定沒有遇到過像她那樣的痛苦，否則……」

說話的人突然停了下來，她意識到自己已經失去了談論的依據，因為聽她說話的這個男人正轉過身，朝著窗外望過去，嘴裡還不自覺地低聲吹起了口哨。

事實上，這個男人此前非常突然地失去了父母。在父母的養育下，他覺得自己很富有，後來卻發現自己身無分文。他不得不離開大學，為生計而奔波。他經過許多挫折，遇到很多惡劣的人，最後終於透過努力完成了學業，現在經營著一家中等規模的企業。

那個與他交談的女生是知道這一點的，所以當她發現自己的話語戳到了別人的痛處時，就停了下來。

他突然轉過頭，面對著她，臉上露出了燦爛的笑容，說道：「麥琪，麥琪，難

第九章

自私的痛苦

道你不知道，如果一昧地沉湎痛苦之中，那麼就將一無所獲這個道理嗎？今天早上，當那個臉上寫滿痛苦與自憐的女人看著我時，我想對她這樣說：『你這個愚蠢的笨蛋，難道你不知道自己的痛苦，是因為事情不如意造成的嗎？』」

「你這是什麼意思？」麥琪更為憤怒地打斷他，「當你一心為了幫助家裡的弟妹，而不分日夜地刻苦學習時，難道你不想一切如意嗎？當你已經盡力了，但卻以失敗告終時，難道你為此感到痛苦也是一種自私嗎？」

「麥琪，她想要通過考試，對嗎？」

「想通過考試？當然了，她當然想通過考試！」

「但是，她選擇考試這種道路來幫助家庭，不是已經被證明是行不通的嗎？」

「也許吧——但這是很好的道路，也是很無私的表現。」

「我並沒有說選擇這條道路不好，也沒有說這是自私的表現。這點你不會否認吧？」

「不會，我當然不會否認這一點。」

「很好。她之所以哭，是因為她想通過考試，但最後卻沒有通過，對嗎？」

「是的，」麥琪仍然頑固地說，「我想是的，但誰又能幫她呢？」

「我的朋友，現在你可以回答我這個問題嗎？她遭受這樣的痛苦，究竟能讓她獲得什麼好處呢？」

「什麼好處都不能得到。」

「難道她不是正在失去自己的能量、健康、力量、睡眠或是身體營養嗎？因為她沒有食欲，也無法睡眠，難道她不是正在失去這些東西？」

「是的，是的，她的確正在失去這些美好的東西——你想要說什麼？」

「我想說的是，如果她懷著無私之心去考試，希望能藉此獲得受教育的機會，她就一刻也不會沉湎於痛苦和悲傷之中，因為她會為家人提供幫助與受教育的機會，去面對這樣的結果，然後想想接下來應該怎麼辦。」

「那你為什麼不這樣跟她說呢？」

「我跟她說了剛才那些話，雖然沒有這麼直白，但是，她認為我這樣說，是因為我對她存在著嚴重的誤解。如果我跟她說，她之所以遭受折磨，是因為她想要讓所有事情都順著自己的心意來，那麼，可以想像，這會讓她陷入一種幾近崩潰的精

自私的痛苦

神狀態，至少我們倆以後都不可能再做朋友了。我們最好讓她大聲哭出來，特別是當我們能夠為她在更好的條件下，提供一次考試的機會時，也許她就能夠聽進去我所說的話，我覺得這還是有些機會的，在她耍小脾氣的時候，我會繼續照看她的。」

「耍小脾氣？湯姆，難道你不為自己這樣說感到羞恥嗎？」

「麥琪，一個是默默地幫助她，一個是對她發表一番高談闊論，然後袖手旁觀，你覺得哪種行為更無情？」

「這個，我認為肯定是出口不出力的人更無情。但我覺得你在言行上，也應該表現出憐憫之情。」

「小孩！我只是告訴你事實而已。我知道我說話的語氣可能有點重，這一點你也是知道的。其實，讓你惱怒的不過是我說話的語氣罷了。她讓自己陷入這種痛苦之中，其實就是在耍小脾氣。如果你深入探究一下，就會發現她一開始並沒有因為考試失敗而痛苦──她之所以痛苦，是因為她覺得身邊的人都沒有重視她的努力，都不喜歡她，或是沒有按照習慣對她進行讚美，所以她用一種懊惱的情緒來表示反

抗。她之所以覺得痛苦，是因為她希望別人都能過來給她一些鼓勵與讚美，能給她一些幫助，但是別人卻並沒有這樣做。

「這時，她的痛苦源自她所想的並沒有遂意，但這並不是一種表現無私的方式，而完全表現出了她希望得到別人讚美的欲望。麥琪，我告訴你，這個世界上有超過一半的痛苦，是因為人們想要讓事情遂自己的心意。他們之所以哭的像個小孩，是因為事情沒有像他們想像的那樣發展。我知道這一點，是因為我以前的經歷就能證明。看看你那兩歲的孩子，在他看到糖果時，難道他不會伸出手臂，想要用手去抓住糖果嗎？而當你拿走糖果，對他說『不，不，你不能吃糖果』的時候，難道孩子不會哭得更加厲害，甚至像得了失心瘋一樣喊叫嗎？當時，路易莎・帕娃的臉漲得通紅，根本不聽你的任何解釋。麥琪，我跟你說，她深深地陷入自己製造的痛苦中，根本聽不進去我說的話。她就是一頭自私的豬，但卻堅信自己是一名無私的殉道者。現在，我要想想怎麼幫她。」

湯姆說完就走開了，麥琪一個人坐下來靜靜地思考。她的大腦一遍遍地自動重複著湯姆剛才說過的話，腦海裡籠罩已久的迷霧似乎消散了。她漸漸感到驚訝，為

自己理解了這樣一種全新的觀點感到不可思議。她突然說：「當然，我們都想順心

遂意，這肯定就是我們感到痛苦的原因。」接著，她腦海似乎又想到了什麼，說：

「但是痛苦本身並不能幫助我們順心遂意。」接著，她又想到：「對，對，這是放

縱——痛苦就是自我放縱的一種形式，本質上與自我放縱是毫無區別的。」而在我們

無法自持的痛苦過程中，是無法得到自己所需要的力量的。哦，我的天啊，路易

莎·帕娃是一頭自私的豬。她哭，是因為她得不到糖果。現在我就去告訴她，她肯

定會聽我的話，這一切是那麼清楚明白——到時候，她聽到我的話肯定會感到高

興，肯定會迅速走出痛苦，重新獲得力量。」麥琪立即出發趕往路易莎的住處——

此刻，她覺得自己的心裡充滿了常識，急切地希望能夠表達出來。唉！可她得到的

回答卻是：

「麥琪，在我忍受痛苦的時候，你怎麼能這樣對我說話呢？」

「但是，路易莎，難道你還不明白嗎？醒醒吧，如果你能想明白的話，情況肯

定會完全不一樣的。」

「不！我看不清楚。你這麼缺乏同情心，我不想再聽你說話了。麥琪，這不像

你啊！唉！我真的很想家啊！」接著，路易莎把頭埋進枕頭裡，繼續耍著自己的「小脾氣」。

那天，可憐的麥琪對人性的好與壞有了全新的認識。也許，她的這位朋友以後也會明白這一點吧。不過，我真不知道她究竟什麼時候才能明白。

很多人會想當然地認為，這種自私的痛苦幾乎是女性所特有的，而男性就不會這樣。我對此表示懷疑。事實上，男性這種自私的痛苦，是透過惱怒與殘暴表現出來的。

我認識一個男的，他的妻子患有重病。他飽受焦慮的困擾，對每一個接近他的人都板著臉孔，人們覺得他似乎是瘋了。他用這種方法「復仇」，用來緩解事情不如意帶給他的痛苦，他希望妻子能夠儘快恢復健康，但他這樣的希望完全是出於一種自私的考慮，那就是讓自己過得滿足、舒適。他有一種極其強烈的佔有欲：她是他的妻子，他不想失去她。所以，這種強烈的痛苦，其實充滿了自私的味道，並且用故意冷漠地對待別人與發洩惱怒的情緒表現出來。

「失敗盤旋在我的頭頂，不知道接下來應該怎麼賺錢，你叫我怎麼能開心起來

自私的痛苦

呢？」某一天，這位丈夫對他那位焦慮的妻子大聲咆哮。

「詹姆斯，詹姆斯，你怎麼忍心讓我受這麼大的罪呢？」這個可憐的女人哀歎著說。

他與她都沉湎於自我的放縱之中，這是一種徹頭徹尾的自私的痛苦。他說自己已經盡力了，但事情還是這樣，所以感到自卑。她也說自己盡力了，而事情也沒有改觀。他們倆都緊繃著神經，將怒火發洩到對方身上。他們都覺得對方太自私了，卻看不到自己的自私。

如果丈夫詹姆斯能夠停止這種自我放縱，給妻子瑪利亞一些安慰，他就會讓內心平靜一些，也許能夠更加明白，應當如何解決眼下遇到的經濟困境。如果瑪利亞真心想給予處於經濟困境的丈夫一些幫助，她也應該停止這種自我放縱，這也許會對他有所幫助。也許，她在理財方面的能力要比丈夫更強——倘若她有這樣的機會去證明的話，誰又知道結果呢？當然，她也可能會將自己面臨的痛苦，轉嫁給已經深陷困境的丈夫，這樣就會讓丈夫的命運變得更加艱辛。

「這些痛苦我都能忍受，但我不能讓某某人忍受痛苦。」很多人都會這樣說，

而且通常都帶有一種志得意滿的驕傲感，似乎是在宣佈：「我這個人多好啊，我從來不會想到自己，我總是為別人著想，為別人忍受痛苦。」但是，我的朋友啊，與希望別人順心相比，我們肯定更希望自己順心，要是我們不能以高標準來要求自己，就更不可能用高標準為別人服務了。

當我們出於自私的目的，去承擔別人痛苦的時候，對別人是沒有任何幫助的，因為我們的自私讓自己失去了這種作用。當我們發現自己因為別人而感到痛苦時，首先應該做的就是轉移自己的注意力，想想我們能為他做什麼，並且立即去做。如果我們什麼都不做，那就讓我們保持良好的身心狀態，隨時準備著去幫助別人。通常來說，我們幫助別人最好的辦法，就是讓自己處於良好的狀態。

要記住這一點很難，要真正做到這一點更難，因為有一種障礙阻止了我們，那就是我們喜歡讓別人來感受到自己的重要性──所以，我們會去為別人遭受痛苦，會去為別人做各種事，直到把自己弄得焦頭爛額，然後還覺得自己很無私。當我們的內心完全想著為別人服務，而不是為了表現自己這種心態的時候，我們才能完全放下所有的自私，並且從這種自私的痛苦中解脫出來，讓自己全心全意地為別人提

第九章
自私的痛苦

供真正的服務。

也許，由自私帶來的一種最為流行、也是最應該制止的一種痛苦——恕我直言，就是由愛別人產生的痛苦。她之所以感到痛苦，是因為她愛他，而他並不愛她。別人的任何勸說，都不可能讓她從這種痛苦解脫出來，結果她身邊的每個人都為此感到痛苦，而她還堅信自己的餘生會一直這樣愛下去。

有時，她會覺得自己沒有必要讓別人因為自己而痛苦，或是她太高傲了，不想讓別人知道這回事，然後，她會把這件事埋在心底，選擇一種平靜的方式，去放縱自己的痛苦，有時甚至會將自己的人生封閉起來。要是這些因自私而痛苦的人，能夠懂得做人應該無私一些，那就好了。她們一直想得到那個她們深深地愛著的男人，這是一種帶有強烈佔有欲的愛，但這種愛卻是不夠資格的。

她們想要得到心裡愛的那個人，這種念頭已經固化了，因此她們根本不會靜下心來看待這個念頭，也無法確定自己愛上那個人究竟是對是錯。她們從來沒有想過，自己可能只是陷入了一種愛意之中，而不是愛上了某個人。更為重要的是，她們並沒有清楚地意識到一點，那就是婚姻之愛，必須要建立在相互瞭解與相互接受

的基礎上。無論男女，若是他們覺得自己愛上了某個人，而他們所愛的那個人對此

卻毫無反應，那幾乎可以肯定，這就是一個錯誤，這有可能只是一種對於愛的佔有

欲。我們越早擺脫這種佔有欲，就能越早擁有這種真心愛別人的能力。

我也可以輕鬆地說：「是的，我們都知道，由自私帶來的所有痛苦，都只是因

為我們的欲望無法實現，但我們該如何讓這種欲望停下來呢？」這個問題的回答

是，在天生自私的欲望背後，我們自身都有一種自由的意志。

用心思考，就能認識到這樣一個事實：我們之所以痛苦，是因為欲望無法實

現。這樣的認識能夠幫助我們擺脫自私欲望的控制。當我們不再為了自私的欲望去

思考、說話或是行動的時候，那麼，自私的痛苦就能慢慢從心底消失，我們的思路

也會越來越清晰，雖然可能沒有想像中那麼快樂，但我們可以懷著安靜之心穩步前

進，並對此感到滿意。

要獲得這種自由，通常需要很長的時間，但只要我們拒絕生活在由自私帶來的

痛苦中，就能毫無怨恨地接受這個事實，認真做好眼前的工作，這個過程需要我們

的耐心，但只要能夠做到這一點，那麼我們就將踏上追求自由和全新力量的道路。

行善的自私

如果想要知道一個人行善的動機是什麼，並且判斷這個動機是真實還是虛假，我們所要做的就是專注於這個問題，並且願意發現自己。

我們之所以行善，原因可以是希望成為別人眼中的好人，也可以是希望覺得自己是個好人，又或者是我們真心想做一個好人。

如果想要知道一個人行善的動機是什麼，並且判斷這個動機是真實還是虛假，我們所要做的就是專注於這個問題，並且願意發現自己。

簡做了一件事，她認為詹姆斯會為此感到高興。她為這件事犧牲了很多，忍受了巨大的麻煩，只想讓詹姆斯到時候大吃一驚，但她在這個過程中也覺得非常疲憊。有人會說：「哦，簡，你是多麼無私啊！你從來沒有想到過自己，你總是在為別人而活，看到你這麼疲倦，真讓人不忍心。」

這時，簡會回答說：「沒事啦，只要能給詹姆斯帶來驚喜，讓他高興就好了。」

「啊，你是多麼可愛啊！」鄰居會這麼說，並且在離開時認為簡確實是一個不錯的女人。

簡也毫無察覺地沉浸在這種滿足的快樂中，雖然沒有說出來，但她的心裡卻認

第十章

行善的自私

為自己是一個可愛、細心與無私的女人。

確實，她擁有一種生活在二十世紀的聖人的姿態。她的「作品」完成了，驚喜的過程也隨之結束。她告訴了詹姆斯自己為他所做的一切，並讓他好好欣賞一下，但詹姆斯對簡所做的一切並不領情。假如簡能夠更加關心詹姆斯的需求，而不是一廂情願地使用自己的善意，她可能就會知道這樣的結果。詹姆斯不僅沒有感到驚喜或是高興，相反，他感到震驚與痛苦。在那樣一個激動的時刻，他沒有隱藏自己的不滿，而是用一種強烈的情感表達出來了。

這對簡產生了什麼影響呢？她的工作，她的疲憊，她的善意與友愛都沒有獲得回報，她沒有得到快樂，她得到的只是憤怒。簡變得很憤怒，淚水止不住地流，她回到自己的房間，關上大門，一整天都沒有走出房門。

哦！簡啊簡，你這樣做的本意是想讓自己開心呢？還是想讓詹姆斯開心？如果詹姆斯對你做的事感到很滿意，那麼你會為他感到快樂嗎？又或者你只是自以為做了一件好事，然後就盲目地沉浸在那美好的結果上了呢？

113

如果因為詹姆斯不喜歡你所做的事情而覺得失望，你就憤怒地哭喊，然後傷心地把自己關在房間裡嗎？如果你真的是想讓詹姆斯高興，而不是純粹為了自己的樂趣，那麼你就應該重新再做一次，而不是將自己關起來，憤怒地大哭。為什麼你沒有看清這一點呢？

簡真是短視到了極點，因為她從一開始就很盲目。她為別人所做的好事或是為別人著想的時候，都充滿了自私的情緒。她希望詹姆斯能對自己所做的事情感到快樂，當她這種自私的欲望破滅以後，她對詹姆斯的反應感到憤怒，也是很自然的事情。這一切都源自她行善時的自私心態。

要是有人說：「嘿，簡，醒醒吧，這只是一場考驗。你覺得自己是個好人、是個無私的人，但這件事情證明你並不是這樣的人。當然，你覺得失望是很正常的。但如果你是因為詹姆斯不喜歡而感到失望，而不是對自己感到失望，那麼你可以立即去更正自己所做的那件事——而不是把自己關在房間裡，顧影自憐。」如果有人跟簡說這些話，而且簡也能聽進去，並且認識到其中的道理，然後立即改正，那麼這必然是簡人生中的一個轉捩點，這會讓她逐漸擺脫那種自私心態所帶來的負擔。

114

行善的自私

無論從哪個角度去看，在我們完全拋棄這種出於自私之心的善行以前，我們的潛意識裡始終都會背負那種沉重的負擔。

簡和詹姆斯的例子，是發生在我們身邊的很多事情中的一個，也許，對絕大多數人來說，這種事情每天都會發生，只是表現的形式不盡相同而已。如果我們能夠明白這個事實，小心這種考驗，並且在面臨考驗的時候適當進行運用，我們就擁有了一種全新的視野，對別人也有了全新的認識，對生活也有了更深的洞察力。自私的善行總是會帶給我們一種無形的壓力，並且默默地消耗著我們的活力。

刻意擺出一種姿態，肯定要比自然的行為需要更大的精力。你最好能做到表裡如一，否則當你在別人或是自己面前「表演」的時候，你的壓力就會翻倍，甚至會扭曲自己的本性。

當某人總是擺出一副好人的姿態，那他這種「好人」能好到哪裡去呢？在我們偽裝自己、表演給別人看的時候，我們能夠用一種輕鬆或是相對輕鬆的姿態去發現自己，但是在我們想把自己都騙了的時候，想要發現這一點是很難的。

「對於你的幫助，我真的感激不盡！」

「哎呀，沒事，應該的，能夠幫助你，我也是三生有幸啊！要是能幫到別人，我也一樣感到十分榮幸。」

上面這段對話，第一個說話的人認爲「他這個人真不錯」，第二個說話的人則認爲，「我確實不錯啊！我表現出了好人的姿態，真是棒極了。」

現實生活中有太多諸如「大哥，謝謝你！我只是一個卑微人物」這樣的說法，這樣的說法可能在你、我，甚至每個人的身上出現過，也許我們根本就沒有意識到。如果我們想要獲得寬闊的視野與自由的生活，最好鼓勵自己去發現真正的自我，並且去掉虛僞的一面。

有人說，精神失常是自負情緒「開花結果」的表現——在我看來，精神失常有時也是所謂「善行」的一種偏激的表現。我認識一個人，他交遊廣泛，待人友善周到。「只有史密斯先生會想到這一點」。當史密斯給生病的孩子帶去一些有趣的玩具時，孩子的母親這樣說道。事實上，史密斯對別人的細心周到與友善的言語，真的讓人印象深刻。但史密斯的妻子和孩子卻被他慢慢忽視了。一開始，他的妻子覺得他這樣做只是出於善心。她對丈夫和孩子的愛是盲目的，在聽到別人讚美丈夫時，她也

覺得非常高興。事實上，她與丈夫同時偽裝著，共同表演著。後來，妻子在「表演」過程中去逝了，結束了「夫唱婦隨」的局面。史密斯則繼續維持著一個「好人」的形象。我想，他現在肯定會認為自己是當地最為著名的公民，也是最好的人。

對他而言，這種偽裝和表演帶來的危害是慢性的。他的「善行」慢慢被耗盡，使他深深陷入精神失常的漩渦裡。他的智力沒有問題，他平時的生活習慣也很健康，但他的道德偽裝，卻讓人深深地感到恐怖。極少數人發現了他和他的妻子「行善」是出於自私之心，但公眾還是認為他的人生是為別人而活的。唉！他對自己擁有這樣的聲譽感到滿足。他在餐桌上舉止得體，時常會舉辦宗教集會，他會對年輕人談論宗教——用他的話來說，宗教是最實用的。

他會與年輕人交朋友，並給予他們建議。這是一個人所能想到的最極端的偽裝形式了，在我認識他之前，我甚至從來沒有想過，世界上竟然還有這樣極端的偽裝方式。在認識他之後，他的品格與舉止似乎是在指出別人在細節上的偽裝，當然我也未能倖免。我們可以將他這種行為稱為「木偶」，因為連「演戲」都算是高抬了

117

他。

那些聲望甚高、受人尊敬的人，都會在某個不為人知的角落裡，出於自私之心去「行善」。他們會定期到教堂，他們會堅定地支持政治改革，他們會給多個慈善機構捐款，更別說單獨給一些小型慈善機構或是個人來捐款了。這些受人尊敬與聲望甚高的教會人士，都喜歡披上偽裝——用善行來掩飾自己的私心。你無法用教堂禮儀之外的任何方式去接觸他們，不管你的方式多麼友善，都無法觸動他們。

這個世界上有太多的偽善者、太多的稅吏和太多的原罪主義者。與兩千多年前相比，這些人的表現有過之而無不及。

要是我們稍微研究一下他們的行為方式，再研究一下基督耶穌對這些人的評價與對待這些人的方式，再回頭看看今天的情況，我們就會發現，在別人或是自己身上，其實也存在著同樣的行為方式。若是我們願意，我們可以遵循基督耶穌的生活原則，他從真正的善意出發，處理那些源自自私之心的善行。直到今天，這樣的處理方式，仍舊會給我們帶來全新的視野。

如果我們真的想循著這種視野，去發現善行真實存在的基礎，那麼首先就要拋

行善的自私

棄那種「我們比別人更加優秀」的念頭。沒有人能夠真正地說出別人身上的真正品格。即便是最為優秀、擁有最獨特視野的人，也只能說某個人在某個位置上是不適合的，似乎更適合另一個位置。在這個世界上，要想從整體上去評價一個人，在他的機會和誘惑之間找到一個平衡點，這是不大可能的。很多人都有一種自大的想法，他們認為只要保持謙卑，就有可能避免一種情況的出現，即對他人的洞察力變得越來越敏銳，和自己的視野變得越來越寬闊。

在很多出於私心來行善的人中，也許真正善良的人不在少數。但我卻沒有看到幾個，可能是因為他們展現出來的光芒，掩蓋了他們內在的善心。每當我看到別人身上存在的缺點，我就必須要提醒自己應該盡量去避免，這樣我才能去幫助他克服這些缺點，當然前題是他給了我這樣一個機會。要說我對他觀察之後就能夠瞭解這個人的全貌，簡直是癡人說夢，只有全能的上帝才能做到這一點。

另一種觀點

生活中的突發事件，考驗著我們的品格。那些想要鍛煉內在力量的人，都會以歡迎的心態，去迎接生活的每一次考驗。

要吵架，至少需要兩個人，這話不假，但一個人可以製造和平，這話也是真的。自己能夠主動不參與吵架，這是一回事；理解對方的觀點，並且能以友善互惠的精神去對待對方，這是另外一回事。前者是消極的做法，可能讓自己尚未來的及釋放的仇恨被壓制，而後者則是積極的，但只有當我們都擁有最為寬廣與明智的愛意時，才可以做到。

吵架是一種讓人反感的交流方式。「我始終反對與人吵架」。某人說。這人可能對鄰居的一些行為固執地抱有偏見，但是他壓抑了這種想法。與直面對方、和別人公開吵架相比，他這樣做給自己帶來的傷害其實更大。壓抑自己的情感，不與別人吵架，比吵架本身帶給自己的傷害更大。我們壓抑自己的情感，雖然避免了與人發生爭吵，但我們的潛意識會感到憤怒，我們的行為也因此會發生微妙的變化。

總而言之，用壓抑情感來避免吵架的做法，既會對我們自身造成不良影響，也會對激怒我們的人產生不良的影響。當我們以友善的「糖衣」包裹自身的憤怒時，這種不良影響仍然會存在。我們所謂的友善，一旦受到某些突發事情的刺激，就會讓壓抑已久的仇恨迸發出來。那時我們就會對自己感到十分驚訝，才意識到不應該

另一種觀點

將仇恨隱藏在心裡，然後再用友善的「糖衣」去緊緊包裹。

生活中的突發事件，考驗著我們的品格。那些想要鍛鍊內在力量的人，都會以歡迎的心態，去迎接生活的每一次考驗。

這些考驗來自「決定我們命運，控制我們前途的天意」。上天並不會認為這是對我們的考驗，或是專門為我們設置的障礙。專門等待上天的考驗，這是沒有任何意義與價值的。另一方面，要是在考驗到來時不敢直面，那麼我們就會變得軟弱。

沒有什麼比勇敢面對不期而遇的考驗，更能讓我們提升自身能力了。

我認識一位朋友，他曾遭受某人不公正地對待，但他覺得自己已經完全原諒此人了。其實不公正對待他的人就是他的親哥哥。為了照顧哥哥，他經常花費很多心思。他對哥哥極為友善，關照哥哥的需求，儘量為哥哥提供生活方面的必需品。他幫哥哥做了很多事情，這些事情有些哥哥是知道的，而有些則是在暗中進行的。他跟我說，每當他遇到什麼好事，都會跟哥哥一起分享。他這樣說的時候，顯得很真誠，沒有誇張或是自以為是的感覺。

但是，他哥哥某一天突然在「不公正的路上」走得太遠了，這讓他忍無可忍，

之前被壓抑的想法，就像洩洪的閘門被打開了一樣，他對哥哥說了一大堆仇恨的話，如果這些話代表的能量能夠被收集起來的話，是足以殺死兩個人的。對於自己的表現，沒有人比他更驚訝了。他為人真誠，在內心的仇恨被激發時，他沒有想著去壓抑這種仇恨，而是用各種不堪入耳的話語發洩了出來。當他劈里啪啦地把這些話說完，並且覺得筋疲力盡時，他自己都覺得不可思議。然後，他用一種麻木的語調說話，似乎發現了一個全新的自己：「原來這些東西一直都藏在我心裡啊！」

之後的幾天裡，他一直都覺得頭腦沉重，整個人都麻木了。我知道他對自己的行為感到悔恨，因為他偶爾會說一兩句話，表明自己正處於一個改變目標的過程中。與此同時，他沒有為哥哥做任何事情，甚至再也不接近哥哥了。他似乎失去了對於照顧別人的自信心。但是，我知道他在這方面的能力還是很強的，他只是暫時躲避一下狂風，等時機成熟後，肯定會再度揚帆起航的。有一天，他說：「哈里在給我製造麻煩的時候，總覺得自己是對的。」

「是的。」我回答說，「我知道他是這樣想的。但如果他為人能更慷慨一些，或是擁有更為深刻的洞察力，他就會知道自己其實正在做一件讓別人覺得極其卑鄙

的事情。」

「但是，」我的朋友說，「他做人並不慷慨，也沒有深刻的洞察力。無論做什麼事，他都是從自己的觀點出發，他覺得自己的觀點總是完全正確的。」

這時，我對他有些不滿，因為我覺得他正在陷入一個偽善的怪圈。我語氣尖刻地回答說：「但他的觀點也算不上明智與深刻。當然，你也必須要接受這一點。」

「但是，他的觀點卻得到了大多數人的贊同。」

「難道這會讓他的觀點顯得深刻，或是看起來沒那麼愚蠢了嗎？」

「不，不，不，這只會讓他更加無法認清事實和真相。現在，你回答我的問題：他是在做一件自以為完全正確的事情嗎？」

「是的，他認為那是正確的。」

「那麼，有沒有什麼理論可以說服他，讓他知道自己做錯了呢？」

「我覺得沒有什麼理論可以讓他睜開眼睛，看清事實和真相。」

「難道他不覺得他和我一樣，都在為了過上美好的生活而努力嗎？」

「他肯定是這麼想的，但我認為他會覺得自己比你更努力。」

「嗯，既然這是他的觀點，那我為什麼不能尊敬他的觀點呢？」

此時，我幾乎可以肯定——他陷入了偽善的怪圈中，於是，我滿懷著失望跳起來對他說：「傑克，你在說什麼呢？如果你相信自己的觀點，那你怎麼可能去尊重一種與你的觀點完全背道而馳的觀點呢？這真是太荒謬了。」

「我的朋友，坐下來，先坐下來。」傑克以平靜的語氣說，「你肯定要懷疑，但我並沒有用糖衣炮彈式的話語來說服你。」我們都微微一笑，然後我繼續靜靜地聽他說話。

「我所追求的，」他說，「就是絕對的公平，你聽到了沒有？是絕對的公平。

如果某人是色盲，錯誤地使用了某個顏色，難道我能因為他給我的生活帶來了問題或是無盡的煩惱而去責怪他嗎？我並不一定要接受他所持的觀點，但我尊重他的觀點。如果我們都是從事科學研究的人，在同等條件下，他要進行某個化學分析實驗，而我敢肯定這樣做會給實驗室造成損失，也不會有任何好的結果。當我把我的想法告訴他以後，如果他還堅持自己的想法，難道我有權利去阻攔他嗎？」

「我覺得你沒有權利。」

「嗯，既然這樣，那他和我一樣，都有堅持自己觀點的權利。這不是一個誰對誰錯的問題，而是關乎個人自由的問題。每個人都應該盡可能地，去尊重別人所擁有的自由權利。」

「哦，我明白了。」我有一種茅塞頓開的感覺，心中充滿了一種前所未有的愉悅感。

「很好，我很高興你能明白這一點，」傑克說，他的臉上現出快樂的微笑，就像發現了什麼全新的事物一樣。「現在，請繼續留心聽我說，我還想跟你說一些道理呢，我也希望你能接受。」這時，他咯咯笑了一下，抬起頭，似乎在思考一些問題，他的大腦似乎將他臉上的表情都搶走了——他皺起了眉頭，然後臉上又出現了表情，眉頭也舒展開來。每一個瞭解他的人都知道，他肩上的重擔已經卸下來了。他的哥哥與其他人還是原來的樣子，從外貌上看不出什麼改變，但是，我的朋友傑克，他已經變成另一個人了。我的思路隨之被打開，對傑克所持的觀點充滿了興趣。在傑克以自信的口氣說話時，我極為專心地聆聽。

「現在請你注意這一點，」他說，「難道你沒有看到嗎？問題的根源在於，我

一直反對哈里的觀點。」

「你知道他的觀點是錯誤與愚蠢的，你反對又有什麼用呢？」

「但我的反對，有沒有讓哈里的觀點看起來沒有那麼愚蠢或是錯誤呢？」

「沒有——因為你不認同他的觀點。」

「是，我當然不會認同他的觀點。」

「既然如此，那你反對還有什麼用呢？」

「你應該還記得，我們昨天看了一個故事，故事講某人透過錯誤的途徑，慢慢爬到了一個高位，之後再用貌似誠實的說法來為自己辯護，證明自己的所做所為是正確的。你還記得當時我們都說此人的野心蒙蔽了他的理智，而他那看似有理的說法，其實是不堪一擊的嗎？」

「是的。」

「你還記得，這個人為了爬上高位，不擇手段地去打壓別人，給很多人造成了傷害的內容吧。」

「是的。」

「他給別人造成的傷害，肯定要比我哥哥帶給我的傷害大——不論我哥哥怎麼說或怎麼做，是不是？」

「是的。」

「但你對這個人的行為有沒有什麼抵觸呢？」

「沒有，我為什麼要抵觸他的行為呢？這與我無關啊！」

「對了，就是這個道理！因為『這與你無關』，而我哥哥的行為卻與我有關，正是我的自私之心對他的做法產生了抵觸情緒，而之前我又在無意識中壓抑了這種抵觸情緒，最後這種情緒終於在某個時刻被喚起，導致它浮現出來。正是因為我出自絕對自私之心的抵觸，才讓我沒有發現，原來我哥哥的行為與觀點是完全一致的。正是由於我之前自私的抵觸，才讓我們無法像現在這樣看得這麼透徹。我跟你說吧，當我們尊重別人的觀點，並拒絕抵觸這些觀點的時候，我們的人生就將出現另一番景象。別人的觀點可能是完全錯誤的，而我們的觀點可能是完全正確的，但這與此無關。我們必須要尊重這種自由，並且讓這種尊重浸透於自己的靈魂、心靈與身體上。」

我的朋友說到這裡就打住了，因為他知道我被說服了，已經沒有必要繼續說下去了。現在，在我所過的每一天，都讓我深信他的話，因為生活完全證實了這一點。

如果我們尊重別人的自由，那麼即使別人持有一種錯誤的觀點，我們依然應該靜心聆聽，並真誠地進行理解，這會讓我們變得冷靜。如果對方能認識到自己的錯誤，我們就可以在不激怒對方的前提下去幫助他們。我們絕對不要試圖去勸說別人違背他們的初衷。如果有必要的話，向他們說出事實和真相，至於他是否能夠聽進去，那就隨便他了。如果對方不接受你的幫助，那麼這也是你可以幫助他的唯一方法了。

另一種極為重要的情況，就是別人的觀點可能是正確的，而我們的觀點可能是錯誤的。在這種情況下，如果我們真的要追求正確的觀點，而不是固執於自身所持的觀點；要是我們能夠認真聆聽，以便去理解別人的觀點，那麼我們就有可能發現自身的錯誤，並進行改正。在很多情況下，或者說是在絕大多數情況下，雙方可能都是對的，也可能都是錯的。

假設甲看到乙對他的觀點表示尊重，並且認可了他所持觀點的合理性，同時乙又願意承認自己的觀點存在不足，那麼，甲也會願意聆聽乙的觀點。乙的做法越是公平，甲的做法也會越接近公平。即便甲對乙持有一些偏見，但要是乙能在絕對公平的原則下與甲交流，這種偏見就會慢慢消除。當然，這需要時間，有時甚至需要很長的一段時間，但只要我們能夠堅持不懈，就一定能夠獲得這樣的結果。

讓我們試著去理解別人的觀點，並且尊重別人的觀點，因為他們擁有這樣的自由。如果我們能夠按照這一原則去生活的話，那麼無論大事還是小事，都會驗證這樣一個觀點：吵架需要兩個人，但一個人就可以讓雙方的心靈，都保持一種平和的狀態。

真正平和的心態，必然是奮鬥之後獲得勝利的結果，正是這種心態，給很多人的心靈帶來了力量與影響。據說，亞伯拉罕‧林肯還是一個年輕的辯護律師時，他就能夠用一種連對方都能感覺出來的公平方式進行辯護，很多時候林肯在開始進入庭辯之前就取得了勝利。他懂得如何去欣賞對方所持有的觀點，並對其中正確的一面表示肯定，然後他才會在陪審團面前，逐一反駁對手的觀點，這樣他就取得了事

半功倍的效果。

當然，他認爲正義是站在自己這一邊的，否則在辯護時也不可能有那麼強的自信。懷著眞誠的信念去追求眞理，這是我們獲得智慧與力量所必需的一種態度。只有拋棄了個人的私心、成見，我們才能眞正理解，在現實生活中，公平具有無與倫比的價值。

第十二章

大學女生最需要的東西

我們首先要做的，就是教會女生在身心處於一種健康、正常狀態的時候去面對工作，在自然狀態下做好工作。

總體說來，美國的女子大學還是從之前那種低等的寄宿學校發展而成的，完全複製了男生大學的模式。現在，女子高等教育迅速發展，部分原因是現有的教育制度存在問題，另一個原因就是，人們一直在努力消除男女在教育方面所存在的不平等狀況。男生的智力遠遠超過了女生，這是不應該發生的。在美國，只有低年級的教育對男女是較為平等的，而高等教育只注重男生教育的狀況，註定是難以持續的。

為了滿足女生對高等教育的需求，需要進行各種教學實驗，這些實驗主要有三種形式：一是，男生女生在同等條件下接受教育；二是，對現有的教學制度進行補充；三是，專門建立女子大學。要想評估女生接受高等教育所取得的成果，最好還是採用第三種形式，因為這能夠為女生提供最為自由的發展空間，也提供了一個對她們進行觀察或是教學實驗的最為廣闊的舞臺。

目前，美國女子大學的制度，基本上是按照男生的大學教育模式來進行的。瓦薩、史密斯與衛斯理等人的夢想，就是要讓年輕女生能夠像男生那樣，按照規定的課程來接受全面的教育，這樣會使男女在智力上不平等的狀況得到改善。在某些情

134

況下，智力上的差異，才是男生教育和女生教育最為明顯的區別。競技運動在男生
大學中所扮演的角色，是女子大學所無法媲美的。在田徑場上觀摩過男女運動員表
現的每個人，都不會同意一件事——男生女生應該執行統一的競技標準。誠然，在
設備完整的女子大學裡，我們也能找到體育館的影子，到處能見到女生們在進行各
種室外運動，但這不應該成為女子與男子執行相同競技標準的理由，即便是極力主
張男女要在智力上實現平等的人，也不會要求男女應該在體育館或是田徑場上達到
相同的水準。

在男子體育代表的教育中，並非只是注重體育鍛煉，而是讓體育鍛煉和智力、
道德、宗教教育等一起發展。也就是說，體育成了實現目標的一種途徑，而不是目
標本身。對單獨個體來說，對這一理念的扭曲，並不會影響基本的事實。大學教育
的權威人士其實不是在進行研究，想著用什麼方法去限制體育運動的發展，正如他
們在制定課程時，要考慮到男生應該平衡、理性地發展一樣。我們現在遇到的問題
是，體育運動的熱情需要被壓抑，而非鼓勵這種熱情。

在女子大學，又是怎樣的情況呢？情況就是，幾乎與男子大學完全相反。權威

人士需要研究的事情，不是怎樣限制體育的發展，而是強制女子大學開展體育教育。他們並沒有鼓勵女子大學開展智力方面的教育，而是進行壓制。這種巨大的教學差異，給男女教育造成了極大的反差，在我們對女子大學的發展進行考量的時候，是必須要考慮到這一點的。

在獎學金與教學自律方面，無論女子大學如何複製男子大學的模式，我們都必須要認識到，雙方在體育方面始終存在著巨大的差異。女子大學不能盲目效仿男子大學的教學方式，更不能有這樣錯誤的認識，即只要女子大學建立了體育館，並且強制女生進行划船、網球或是呼啦圈等體育鍛煉，就實現了大學教育的目標。

對男生來說，肌肉鍛煉是體育的首要目標。在鍛煉的時間、要求的標準與條理上，肌肉鍛煉都是排在首位的。體育上的成功，很大程度上決定了我們能夠在心理或道德教育方面上也獲得成功。雖然也有一些人在身體出現殘疾時，依然能在智力上取得不俗的成功，但上述這一點在大學教育中，依然是普遍適用的。

在我們的學校或是大學裡，要發現女生最需要進行哪些體育鍛煉是很容易的。

在絕大多數情況下，集體的需求都是個人缺點的誇張表現。任何曾經去過女子大學

136

或是與女生同住過一段時間的人都會承認，女生們普遍處於一種慌張與緊迫的狀態。「沒有時間」，這是她們每天從早到晚都會發出的感歎。憂慮與匆忙幾乎成了每個在校女生普遍面臨的問題。即便她是一個有著快樂性情的人，做事不匆忙，不為自己感到憂慮，但還是無法完全抵禦自身的壓力。

女子大學帶來的精神壓力，對她們來說太強大了，無論是在老師還是學生，她們的臉上都清清楚楚地寫明了這一點。正因為如此，每年都有不少學生由於過度學習導致精神崩潰。但更讓人覺得悲哀的是，很多人並沒有完全垮掉，而是處於一種接近崩潰的狀態，忘記了心態與身體處於正常狀態時，是一種怎樣的狀況。

面對這樣的情況，我們只會有覺得，女生在正常狀態下會有多麼美好的一面，她們的體質應該能夠承受日常生活的壓力，只有這樣才不出現精神崩潰的現象。

勤奮學習的女生對體育運動的需求最為強烈，這一點是很明顯的。那些還無法意識到這一點的女生，會過著一種不正常的生活，無法明白自身的需求。不論男女，在他們習慣了室內不良空氣以後，就不會在意，但室外的人一旦進入這樣的房間，就會生病。

要想知道女生什麼時候壓力最大，就要看看她們在考試期間有什麼樣的表現了。普通的女生或是女性，她們在面對考試時，都會感到極大的壓力，處於一種焦慮、匆忙與恐懼的心態。我們要注意，男生與女生之間的這種區別是非常明顯的。

大學男生在考試期間，神經肯定也會處於一種緊繃的狀態，但他們這種緊繃的狀態，遠沒有女生那麼明顯。

同樣是面對考試，但男生女生卻感受到了不同的壓力，對此的解釋是，他們參加的體育運動不一樣，在足球、划船或是其他室外運動等方面的差異，能夠讓男生以全新的活力投入到學習中去，並使他們的神經系統保持平衡狀態。但是，當女生試著透過體育運動來修正她們的軟弱時，卻將大部分神經能量消耗在了競技遊戲上，導致她們投入到學習中的精力不夠，這更多地導致她們出現了神經緊繃的情況，必須要等大腦恢復活力之後，才能繼續正常的學習。其實，這種平衡可以透過其他方式來獲得。

讓我們簡單研究一下「女生氣質」所引起的這種壓力吧。女生的自我意識是她們最大的敵人。當然，風俗習慣也是其中的一個原因，因為人們通常都有這樣一種

大學女生最需要的東西

觀念，男生就要去讚美女生，而女生則只能被讚美。因此，女生從小就生活在一種「受人讚美」的狀態中，她的自由因此受到相應程度的損害。很少人能夠真正意識到自我意識給神經系統帶來的壓力，要是在自我意識的基礎上，再加上一種敏感的心思，那我們就接近了能夠解釋這個問題的完整答案了。

霍爾維斯曾經向我們談到，新英格蘭地區的女性智力都不是很高，但她們的意識卻像房子的一角那麼大，當時我認為他可能有些誇大其詞。如果這樣去理解，他的話可能就是正確的了——即使讓她們擁有更大的腦容量，也無法減少她們那種女性意識所佔有的空間。

男性在自我意識方面不像女性繃得這麼緊，而且他們敏感的性情，也不會呈現出一種病態，對他們造成實際的傷害。男子大學裡的氣氛，無論對教職員工或是學生而言，都要比女子大學更為輕鬆，他們感受到的壓力還不到女生的十分之一，因為女生會在許多毫無必要的事情上消耗精力。學生的臉說明了他們的故事，男生所承受的壓力，相對而言並沒有那麼明顯。

這個對比說明了我之前的觀點，即對於大學女生來說，她們最迫切的身體上的

需求，就是學會如何休息。這種休息不是那種無所事事的休息，不是那種愚蠢空洞或是缺乏活力的休息，而是讓身心得到足夠的休息，這意味著女生可以擁有充滿活力與健康的神經系統，讓她們全身心投入到學習、工作中去，能自由地參加各種活動，不會在匆忙中失去自然。我們一開始就妄下結論，認為適合培養男生的方法，也必然適合女生，不管這種結論在日後會出現怎樣的變化，女生都應該得到優先的考慮。在我們滿足女生獲得適當休息的身體需求後，就能讓她們透過鍛煉身體，來實現增強力量的目的。

在女子學校與女子大學裡，雖然都有體育館或是各種運動設施，但在滿足女生體育鍛煉的需求上，似乎還沒有展現出明顯的效果。很多女生總是無法獲得運動本身所要達到的效果：首先，她們在運動時消耗了太多的神經能量；第二，透過研究她們在學習方式、整體心態及身體的一般習慣上，我們發現其實可以透過體育鍛煉來爲她們提供體能。

現在，我們首先要做的，就是教會女生在身心處於一種健康、正常狀態的時候去面對工作，在自然狀態下做好工作，憑藉自身的力量做好事情，而不是整天爲學

習擔憂，害怕自己學不到知識，更不是從早到晚都害怕完成不了功課，不需要為了毫無必要的負擔而焦慮，不需要對老師有一種病態的恐懼，不需要以一種感受到持續壓力的態度去面對生活。

只要我們稍稍注意到這一點，就會發現這個問題的嚴重性。女生一旦養成了這樣的習慣，日後假如當老師的話，她所教的學生就會強烈地感覺到她這種習慣，老師身上的緊張情緒會被學生所感知。在日常的學習生活中，獲得適當的休息，成了當今女生最最重要的需求。

那些觀察到這種趨勢的人，會以一種司空見慣的態度說：「讓這些女生多鍛鍊吧，多吸收一點新鮮空氣吧，讓她們擁有充足的睡眠，吃得更有營養一些吧，那麼她們身體的這種最大的需求，就能夠得到滿足。」

若是我們注意到的不健康狀況剛剛出現，那麼這樣的解決方法也就足夠了。對少數女生而言，這樣的解決方法也足夠了，但是對絕大多數女生而言，這樣的方法是不夠的，而在一些情況下，這種方法甚至是完全行不通的。這個習慣已經流傳了幾代人，要想加以克服，必須要清楚地認識到，這種習慣讓我們失去的能量，並且

141

要擁有一種重新獲得這些能量的巨大信念。

誠然，這種思維習慣在我們心中已經根深蒂固了，導致很多人都無法在學習或是玩耍中保持一種平和的心態。現在，有些女生認為某些不正常的生活習慣就是自然的表現，正常的生活習慣反而是不自然的方式，這樣的女生並不在少數。正如一名女生曾經極為坦誠地跟我說：「我能保持一定的興奮度，但要讓我端著一壺水上樓的話，就會很疲憊。」

我知道，這是一個極端的例子，但實際上並不少見。說服這個女生或是有著同樣不正常生活習慣的女生去放棄這種習慣，去過一種正常的生活，就可能會給她們的生活帶來災難性的後果。她可能無法真正瞭解這個世界或是自己，並且深受其害。這種事情必須要一步步來做，因為讓她恢復到正常生活狀態的過程，就如同治癒一個酒鬼的過程。

假設美國的學校從一開始制定教學標準的時候，就把消除學生焦慮的情緒和做事匆忙的習慣，以及讓女生恢復到積極生活、好好休息的狀態作為目標——假如這就是女子學校的主要目標，她們就能夠擺脫「缺乏時間」的狂熱，老師們也能夠接

142

大學女生最需要的東西

受一個原則，即教學的目標並不是讓學生學到具體的知識，而是教會學生思考的能力。這才是學校或是大學立足的根本。

一個女生即使在學校裡沒有學到多少知識，但她能夠掌握如何學習知識的方法，也就足夠了。要是這個目標能被老師和學生瞭解，那麼她們就會更加重視學習方法的教與學，而不是只顧著掌握某一門知識的具體內容。要是我們使一味收集知識的欲望處於次要的地位，那麼在同一時間學習的知識，將幫助我們完成接下來的深造，即便是離開學校多年以後，我們依然能相對輕鬆地去學習。要是我們的心智習慣了在不經意間吸收知識，並且能夠消化和運用，我們就不會糾纏於那些毫無意義的事實。

當我們認識到知識與思想其實存在著某種關聯之後，女生自身最大的需求，就一定能夠更容易地得到滿足，儘管大家一直以來都在強調知識的重要性，但女生們「缺乏時間」的傾向終將漸漸消失。當一個女生總是感覺自己處於一種匆忙的狀態時，她就會失去平衡的心態，不管她的工作看上去多麼出色。

對我們的模範學校來說，這是它們應該做出的第一個改變，下一個重要的改

革，就是要在日常的教學工作中，進行節奏上的改變。要想讓身體與心智處於一種健康的狀態，就必須要讓我們處於一種動作與反應的狀態，而不是動作與停頓的狀態。當我們讓自身的一系列功能完全獲得了自由之後，專心工作，能夠讓我們的身體獲得最為完美的休息。確實如此，動作與反應就是一種規律的順序，就像我們處於徹底休息的睡眠狀態時，身體就會趁這個機會補充能量，讓我們在醒來後充滿活力。

女生們應當進行充分的鍛鍊，選擇食物的時候應當要有所注意，要保證充足的睡眠時間，老師與學生之間要保持一種友好互信的態度，不應過於多愁善感。假設這樣一種有益的狀態，正處於一個恢復的過程，那麼我們的目標就仍然沒有實現。過去那種匆忙與憂慮，會悄悄潛入女生的心靈，讓她們產生強烈的感受。因為女生的母親、祖母或是曾祖母都會有遺傳，更不要說母系這邊遺傳下來的因素了。我們的學校依然可以培養學生學習的能力——透過強調正常的休息，而不是無所事事的休息與強制性的學習。透過一種可以自我忘懷的休息來調節自己，一般都能夠讓女生進入一種愉悅積極的狀態。

144

大學女生最需要的東西

「自由」是比「休息」更好的一個詞語，因為自由包括休息。在追求身體與心靈的自由時，女人應該進行特殊的培訓。如果以獲得自由為目的的特殊培訓，日後能夠在學校中實現，那麼這個目標和真正自由的精神，就會被所有教職員工所擁有，而這恰恰是目前只透過休息來獲得力量的老師或是女生所嚴重缺乏的。

這種培訓應當從身體的鍛鍊開始，包括對聲音的訓練。如果我們在這個過程中，能夠仔細認真地工作，就能夠影響到我們的心理，接下來，對心理有幫助的特殊培訓就將開展。但是，我們首先應該打好基礎，讓女生們先「站起來」，讓她們知道，身體在處於完美的平衡狀態時，意味著能夠擁有更好的工作頭腦。

隨著身體不斷開展工作，每一次培訓都包含著同一目的：將真正的自由用在學習和背誦上面。因此，心靈與身體是相互作用的，女生會感到自己正在脫下套在身上的枷鎖。建立在自我限制基礎上的自由，將引領著我們走向源於自我意識的自由，這是對神經系統唯一有益的方式。一個接受了這種訓練的女生，除了在緊急情況之外，一般都能夠很好地控制自己，因為她學到了如何控制自己保持自然的狀態。

在身體鍛煉方面，如果能夠開設一門冥想的課程，對於獲得真實的工作原則會更有幫助。在班級中，女生們應該進行深呼吸訓練，這不僅能夠讓內心平靜並且獲得休息，而且能讓我們重新獲得活力，有助於我們穩步前進。

深呼吸還能避免我們陷入極端的放鬆狀態，它與極端緊繃的神經一樣，都是十分有害的。當一個神經緊繃的身體一旦處於放鬆狀態的時候，深呼吸能夠讓身體避免出現過於激烈的反應。在一開始進行深呼吸訓練的時候，我們會發現在擁擠的教室裡，真正懂得深呼吸的人是極少的，而她們對於如何平靜地呼吸，也沒有什麼概念。

長時間平靜地呼吸，能夠帶來一種緩解作用，但是只有當我們懂得了如何以最為輕鬆的方式去呼吸的時候，才能感受到這種緩解作用帶給我們的最佳效果。不過即使我們尚未獲得這種能力，正常的呼吸也能夠緩解中度的歇斯底里的狀況，能夠緩解怯場的恐懼。

教室裡的學生在進行深呼吸訓練的時候，最好分開來做，這樣能夠讓她們明白安靜的深呼吸是怎樣進行的，在呼吸的過程中去感受自己，而不是像平常那樣若無

其事地呼吸。有一種觀點認為，我們吸氣就是在安靜地呼吸，我們要避免這樣的想法，因為那就好比拿著虎頭鉗一樣。

在學生們進行這些體育鍛煉時，首先應該保持安靜——一種自然的安靜，而不是強制性的安靜。透過學生們的努力，是可以達到讓人欣喜的程度的，因為某人的心靈會對別人的心靈產生影響，在一個大班裡，心智比較軟弱的學生，會受到心智比較強的學生的影響。教室裡的每個學生，對於深呼吸都會有普遍的看法，而安靜則只能透過呼吸訓練來獲得。

總體說來，老師應該始終牢記一點：從一開始，自然的安靜就是我們所追求的目標。透過日常的深呼吸訓練，可以讓我們獲得有節奏的呼吸——從二十五歲到五十歲，這也是另外一種鍛煉的方式。具體到某個人身上，這種鍛煉所取得的效果是非常明顯的，要是一個班的同學能夠一起進行鍛煉的話，那麼效果將會更加明顯。

深呼吸對大腦的益處是大家都知道的，它不僅僅是一種呼吸，更是一種能量消耗最少的鍛煉方式，它對我們身體有很大的益處。在教育學生的過程中，我們應該

採取緩慢而常規的方式來放鬆肌肉，進一步緩解神經的壓力，這都是可以透過深呼吸做到的。在進行特殊的深呼吸訓練與放鬆鍛煉後，再進行聲音的鍛煉，並將聲音的鍛煉培養成一種常規的習慣。

女生們的聲音普遍缺乏一種自然的平衡，這說明她們在說話的聲音和說話的方式上，存在著很大的問題。女生應該像鍛煉自身其他功能一樣，去學習一種鍛煉方法，讓自己的聲音獲得真正的自由。

關節與肌肉柔韌性的鍛煉，應該在接下來進行。這樣的鍛煉應該包括指引性的力量，而且這種力量通常是極為迅速的，但必須要在完全自在的情況下進行。進行鍛煉的時候，必須專注於需要鍛煉的身體部位，不要對身體的其他部位產生不必要的影響。

接下來，我們應該試著去鍛煉出自身更好的平衡力與彈性，最後以安靜的呼吸及聲音鍛煉來結束。這應該是一個循序漸進的過程，這樣的話，女生們就不會感到很難理解。雖然老師在教育過程中，不能偏離中心目標，但女生們還是可以將這些鍛煉當成一種自然的習慣。

大學女生最需要的東西

要是女生無法從課堂上獲得全新的活力，並且不知道在學習或是遊戲的時候，如何運用這種自然的法則，那麼這就是一種失敗，它直接說明了老師缺乏真正的引領精神，或者是教室裡的空氣不適合呼吸。

負責教授這些課程的老師，首先應該遵循兩個條件：

第一，她應該在日常生活中，遵循自己教給學生的法則；

第二，她絕不能假裝自己是遵循這些法則的完美代表。

老師當給學生留下這樣一種印象：老師和學生都是一起的，需要共同遵循這些法則。有了這樣的瞭解與富於愛意的耐心，一位女教師就不難喚起她的女學生身上的優點，除非她所處的環境對她極其不利。

我以前就曾經在一個教室裡，嘗試過這種鍛煉身體的方式，透過這種鍛煉，來幫助一個女生感受到活力與積極的休息狀態，滿足她最大的需求──休息的能力。透過這種鍛煉，我們就能在面對緊急情況時保持冷靜的頭腦；在麻煩解決之後，能夠迅速讓危機帶來的興奮感平復下來，直到它完全消失。

這種鍛煉還能讓我們忽視各種煩惱與憂慮。的確，當一名女生擁有了一種能

力——辨別自己的憂慮有哪些是神經系統的原因，哪些是因為消化不良或身體其他方面的毛病，並能據此進行排解，這已經是一種非常強大的能力了。假如必須要這樣做的話，她能像承受痛苦那樣去承受憂慮的情緒，並且承認這些憂慮確實有其存在的基礎，但只要她願意，她就可以迅速放下這種憂慮。

如果女生在學校裡，學到了如何去面對各種形式的煩惱和憂慮，她們就能避免陷入很多毫無意義的痛苦之中。很多女人的神經系統都受到了傷害，但是她們對此竟然沒有絲毫的察覺。過於敏感的神經，會促使女人做出各種荒唐的事情，讓她失去難以彌補的活力，因為她沒有學會如何分辨疲憊的狀態與失衡的神經。透過這種訓練，她能夠明白一點，那就是她們不需要凡事都那麼認真，不管有些事情看上去是多麼重要，其實都沒有那麼重要。

對於人們在氣質上表現出來的差異，一般人都很少報以寬容的態度。不久前，我看到兩個女生進行網球比賽，其中一個女生要把自己訓練得更自在，她的動作更加迅速優雅，身體的柔韌性也顯得更強，但是她的精神顯得很興奮，似乎父母遺傳到她體內的活躍基因依然控制著她，她的表情看上去有點緊張，場邊的觀眾幾乎都

第十二章
大學女生最需要的東西

是她的朋友與崇拜者，大家都希望她能夠贏得比賽。

她清楚地知道別人對自己的盼望，而且有一種強烈的感覺——自己是別人的焦點。而另外一名選手則是一個鄉下人的女兒，看上去肌肉發達、面無表情。在整個比賽的過程中，她臉上的表情一直沒有變化。她不認識在場的觀眾，也不在乎他們的存在，她顯然知道，在場的觀眾一邊倒地希望自己的對手獲勝，但她還是按照自己的打法，全身心地投入到了每一拍上。當然，最後她贏得了比賽。

一個看熱鬧的人臉上，掛著一種充滿優越感的微笑與一點輕蔑的語氣對我說道：「你看，『放鬆』並不總是能夠贏得比賽。」我的回答是：「是的，但是你的鄉下女孩是因為更加『放鬆』才贏得比賽的。」那位輸掉比賽的女生的性情要比對手更為敏感，因此她必須要花更長的時間，去獲得心靈的平衡。而她的對手卻在一個較低層次上獲得了平衡。

以戴安娜為例，將她送到鄉村，讓她接受鄉村的影響，那麼在過了五年之後，她在首場比賽時，依然會輸給那個面無表情的對手。這時，我們的批評者會說：

「我的朋友，你看，受崇拜的女性並不總是能贏。」

151

那麼，對於那些擁有良好教養的女性，她們的身上遺傳了祖輩數代的神經緊張的因子，我們對她們應該有什麼期望呢？戴安娜也許能夠在第二場比賽中獲得勝利，因為她立即就能找到自己第一場比賽失敗的原因，並立即調整身體狀態，以最佳的狀態去迎接以後的比賽。要是這些被人崇拜的女生，能夠意識到自己必須要按照既定法則，去對神經系統進行有益的調節，那麼她們就算是賺到了。

我們要想讓女生走向一種圓滿的狀態，就只能透過培養休息的能力，然後讓她們正常地發揮自身所擁有的能力。她們要做的工作比五年後的戴安娜還要多，她們的觀察能力也能得到相應的提升。

關於這個主題，我們需要關注一個細節。要想最大限度地發揮從鍛煉中獲得的能力，我們就必須以自然的方式，去做好眼前的事情，生活本身也要處於一種有序和正常的狀態。對女人來說，把自己鍛煉到一種更加輕鬆地去工作的狀態，以求能夠在生活中，去做那些超過身體承受範圍的工作，是一種錯誤的想法。

當一個女人感覺自己能力增強，可以做更多工作的時候，她就很難感受到那種自然的休息狀態。當然，要是我們學會了如何休息和不浪費能量，我們就能取得更

152

大的成績。所以，我們需要意識到制約自己的條件，並且學會揚長避短。一方面，這種限制可能會減少；另一方面，這種限制可能會達到驚人的程度。

很多人認為，為了獲得正常的休息而進行培訓只能導致疲憊，但他們卻沒有認識到，人們都將希望寄託在了這些培訓上。所以，學校的整體氛圍必須要進行改變，這樣才能教會女生如何去鍛煉健康的身體，並擁有最為健全的心智。

有一位患有嚴重疾病的年輕人，醫生告訴他繼續上大學是毫無意義的，因為他沒有繼續學習的能力，所以他就聽從醫生的囑咐，每天只學習兩個小時。但是他每天都以最佳的狀態來利用這兩個小時，最後他通過了大學考試，並且以第一名的成績畢業。其實，他每天除了那兩個小時之外，其他時間都處於一種休息狀態。要是他發現自己擁有如此強大的專注力，試圖用一天之中所有的時間去學習，那麼結果對他來說肯定是災難性的。

這個國家就像一個早熟的孩子，因為他展現出了一種讓人驚訝的能量和專注力，並有著強烈的表現欲。除非這個孩子能夠冷靜下來，去享受一個孩子本來的自然、調皮生活，否則他就有可能「小時了了，大未必佳」。當然，在這個國家裡，

母親是最需要平和心態的人。

簡而言之，那些努力學習並認真參加運動的健康男女，都能從自己的行為中獲得回饋，他們會在某個時間段，放下手中的工作，好好地休息；而一些人則會來回踱步，對過去的行為感到焦慮。後者可以透過身體上的鍛鍊與道德上的勸告，最後匯入同樣安全的「洪流」。若是她們願意的話，又或者這種鍛鍊開始得比較早，她們肯定能夠完成這種轉變。

當這種有意識的休息或是休閒的活動，在大學裡成為自然而然的事情、成為大家潛移默化的一種行為時，那麼大學最偉大的力量也就出現了。在這種情況下，無論男女都會對自身稍微不尊重自然法則的行為極為敏感，並能夠迅速改正，就像他們現在對自身不遵守其他法則的行為一樣，他們對此感到惱火。之後，他們會覺得身心獲得了真正的自由，而我們通常只能在健康的孩子身上，發現這種自由的影子。

女生所接受的教育，應該能夠為她日後所從事的工作打下牢固的基礎，並且能讓她發揮出最大的潛能。若是她想要日後在工作中做到最好，就要在大學期間學會

第十二章
大學女生最需要的東西

如何用健康的方式，去運用大腦的能量。真正的女性都不會想著要成為優秀的「男性」，而是要成為一個真正的女人。這樣的想法不僅能夠讓女性站穩腳跟，也能讓男性更好地立足。

在這個時代，男人活在這個世上，無時無刻不在面對著誘惑與精神上的壓力。

要是他帶著過度緊張的情緒回家，發現妻子也處於相同的狀態，那麼女性這種精神上的壓力，會讓他感到無法承受，他無法再從家庭找到休息的感覺，因為這只會讓他感到更大的精神壓力，因為妻子帶給他的壓力，能夠讓他在幾個小時內，覺得比連續幾天從事體力勞動還要累。

與此形成鮮明對比的是，女性身上展現出的淡定自若，能夠對男性產生影響，例如在他回家後，能夠感受到一種輕鬆的氣氛，能夠感受到存在於家裡的一種溫和的力量，這是他不會錯過的。

由於一般女性的精神狀態，比男性更容易受到刺激，所以培養一種淡定自若的狀態，不僅可以讓女人影響男人，而且還可以讓母親來影響下一代的兒女。所以，在日後的歲月裡，淡定自若的心理無論是在學校，還是在其他什麼地方，都會被視

155

為一種理所當然的態度。當然，如果從學校或是大學就開始培養女生的這種品質，所取得的效果不是更好嗎？

消遣

消遣，如果是一種能夠讓我們以更加充沛的活力重新投入工作的方式，那麼這不僅是有益的，更是必需的。

「我必須要不停地前進，因為如果停下來的話，我就要思考，但是我不想思考。」這是一位十分理智的女士所說的誠實話語。讓人遺憾的是，像這位女性的例子並不少。

有很多男女都會發自內心地說出這樣的話。我記得一個人，他皺著眉頭，帶著一副害怕去做自己不願做的事情的表情，努力地想從騎馬打獵中得到消遣和樂趣。我從未見過一個騎在馬背上的人，露出那樣獨特的「愉快表情」，因為那場面讓人覺得實在是太虛假了。他瞭解騎馬的術語，也知道如何才能成為一名快樂的馬師，但是他的歡樂背後似乎缺乏主導的靈魂。

每當我聽到他說話，就會感到莫名的悲傷，因為我敢肯定，他這樣做的目的，是給別人製造一種他非常開心的假像。我之所以特別舉出這個例子，是因為如果將這個例子放到顯微鏡下觀察的話，我們就能發現那些並非源自內心真實想法的娛樂，都是毫無意義的。所有想透過一些毫無意義的消遣活動來讓自己去逃避的人，心底都會感到同樣的悲哀，但絕大多數人的悲哀都是更為隱秘的，是不會浮到表面上來的。除非在每一個人的不可避免的反應到來時，這種悲哀才會以一種極端壓抑

158

或是極端醜陋的方式呈現出來。

我們經常能聽到別人說：「我不覺得心情沉重，也沒有感覺到熱情高漲。」他們這樣說，似乎表明他們的心態，總是處在一種永遠固定不變的狀態。也許他們還為此感到驕傲呢。如果長年堅持進行觀察，我們就會發現，如果這些人的目光，沒有專注於如何尋平衡的心態，那麼他們的心態要麼繼續沉重，要麼繼續高漲，到了最後，他們的生活通常都會在痛苦的「狠摔」中結束，或是感到一成不變的壓抑與沉悶，讓他們感到這種心理上的折磨，實在是難以忍受。

許多男女試圖躲避自己在生活中應付的必要責任，這種行為就像是小孩想透過去釣魚來逃避做算術功課一樣。他知道自己最終都是要做的，但他就是害怕去做。

他之所以還害怕，就是因為他不喜歡算術，所以他不斷透過各種消遣活動，來轉移自己的注意力。

首先，他會嘗試蹺課，以此來躲避聽課，然後當他會覺得這樣做不大現實，於是被迫乖乖地坐在桌子前，手裡拿著鉛筆進行運算，但他還是會透過在紙上畫畫，或是捉蒼蠅，抑或朝著其他同學扮鬼臉，來轉移自己的注意力。

他知道，如果他無法完成功課，那麼下課後，他還得留在教室裡繼續解答算術題。但是，他還是習慣性地想著如何轉移注意力，忽視要做的這些算術題。最終，他在放學後被留在了教室裡，老師監督著他，他也讓老師無法按時離開，在老師的催促與監督下，他最終完成了功課。他和老師在回家後都是脾氣暴躁，心中憤憤不平。

少男少女們在離開學校以後，通常都會透過各種活動，來分散自己的注意力，而不是認真地做好自己的工作。他們不知道透過消遣來轉移注意力，會帶來什麼樣的後果，要是他們知道自己遲早都要完成這些工作，肯定會覺得震驚。當然，還有一些人根本就不知道自己原來還有工作要做。他們寧可做任何與解決問題無關的事情，也不願意直面自己必須要解決的問題。

我記得某人，他的肩上承擔著重要的商業責任。他有能力去解決面臨的問題，但是他不願意動腦筋，不願意堅持去做某事，雖然只有這樣才能成功地完成工作。他的生存需要他做好自己的工作，不僅如此，很多人的生計都與他有關係，他所在的企業成功與否，對整個國家都會產生一定的影

因此在工作上發揮了積極的作用。

160

響。我曾認真地觀察過他的行為，因為我們是朋友，所以他的問題就是我的問題。

有一天下午，我坐在他的辦公室，看見還有一大堆事情要做的他拿起電話，詢問某人一個小時後是否有時間一起打網球。看到他這樣做，我差點暈過去。我一句話都沒有說，因為即使我說出自己的感想，他也不會聽我的。從那一天起，我就看到他不斷地用各種消遣活動，來分散自己的注意力，直到最後，他因為無法完成自己的工作，被迫放棄了肩上所承擔的責任。

幾乎所有人都不敢相信他會失敗，因為大家都知道他是有能力取得成功的。但是沒有幾個人知道，他並不喜歡那份工作以及工作帶給他的憂慮，所以他才會從各種消遣中尋求解脫。他後來在同一領域內的其他公司裡獲得了成功，這是因為他的習慣已經把他逼到了一個角落，他必須要拒絕消遣活動，保持工作狀態，以此來拯救自己。現在，對於將自己趕到角落裡的命運之神，他始終心存感激。

消遣，如果是一種能夠讓我們以更加充沛的活力重新投入工作的方式，那麼這不僅是有益的，更是必需的。但假如消遣活動的作用只是讓我們逃避責任，或是讓我們暫時忘記必須要直面與克服的難題，那麼這就等於慢性自殺。

很多人在消遣活動中所消耗的精力，要比完成大量工作本身還要多。他們之所以轉移注意力，是爲了逃避困難的工作；他們選擇逃避生活中的一些問題，而不是直面問題，並且勇敢地去解決；他們不承認自身的品格有問題，不敢去解決。這些人不斷地從消遣活動中轉移自己的注意力，他們總是覺得自己需要興奮的刺激，就像一個人一開始喝一點酒就醉了，但當他養成酗酒的習慣之後，就需要喝很多酒才能產生輕飄飄的感覺。

一開始，消遣活動是很有趣的，到了後來，那些以此爲樂的人就離不開消遣了，甚至需要在興奮的感覺中尋求刺激。

要是那些想透過消遣來逃避繁瑣的工作的人能夠意識到，他們現在逃避的工作是必須要做的，否則其他工作就會變得更難，而接下來的工作也會給他帶來更加痛苦的感覺。

這個問題必須解決，不然那些想要解決這些問題的人的大腦就會退化，變得缺乏能力。眞正的品格必須要經過鍛鍊，否則人比一個毫無生氣的物體還沒用。

目前比較流行的神經衰弱的治療方法，就是去消遣娛樂，但很少有人能夠意識

到，這種治療方法其實是膚淺與暫時的，它的功效就像溴化鉀。機能上的疾病與神經衰弱，都是因為我們無法讓自身和環境，處於一種和諧的狀態，當然我們品格中的缺陷也是一種原因。

要想治療這些疾病，我們必須要從源頭上去根治。如果病人的神經因為某些消遣活動暫時得到了放鬆，而一旦他回到原來的環境，或是重新開始原先的生活之後，他的自私也就會失去了任何緩衝的餘地，神經方面的疾病也會重新發作，令他失去活力。每當他們重返原先的環境，透過消遣活動來讓神經獲得緩解的成功率就會相應降低。

「遺忘！遺忘！遺忘！要是我們能夠遺忘一切就好了！」我們經常聽到別人這樣說，但是，真正應該做的是不要遺忘，不要遺忘，不要遺忘，而是需要去統治！讓你的人生更加有規劃，讓你心靈的地平線慢慢升起，不要害怕任何事情，要勇敢面對並且處理好任何工作，直到你完成了這些工作，或是使之變成一種經驗和智慧。我們遲早都是要找尋自由的，否則就要下地獄了。我想，在地獄下面，是沒有任何消遣機會的。

「那些將人生消耗在揮霍放縱，但看上去依然人模狗樣的人，」一位醫生對我說，「你見過他們扭到腳踝，或是遇到一些普通的意外事件時的表現嗎？你不會見到的，因為他們身上沒有任何力量能夠支撐他們，所以無論遇到什麼問題，他們都必然會立即崩潰。」

只想著透過消遣來轉移注意力，而不是像個男人直接面對生活的人，會覺得自己很安全，即使他們真的思考過，而且依然覺得自己很快樂，但只要稍微碰到一些考驗，他們就會潰不成軍。當消遣活動變得越來越不現實時，他們已經沒有力量去面對眼前的工作了。

像個男人去面對問題，並加以解決，這能夠讓我們擁有神經肌肉——如果我們可以這樣稱呼的話——神經肌肉，這種神經肌肉能讓我們健康成長，不斷賜予我們全新的力量。當我們圓滿地完成工作之後，消遣才算得上一種祝福與助推器。雖然我們將消遣活動當作一種為接下來的工作注入活力的行為，但我們都需要全身心地投入到娛樂中去。

隨著生活閱歷的增長，消遣娛樂所帶來的力量也將隨之增長。倘若消遣只是為

消遣

了遺忘、爲了逃避、爲了掩蓋懶惰，那麼就會讓我們變的軟弱與虛僞。

能夠爲生活注入全新活力的消遣，可以讓我們不再逃避需要面對的工作，能夠

爲工作注入力量的消遣，是圓滿生活的一部分，如果沒有它的存在，生活就是不圓

滿的。我們的生活目標越高，越是具有價值，那麼在消遣時就越能感受到孩子一樣

的健康的樂趣。

日日是好日

考驗會暴露我們身上自私的一面，
我們應該為自己能看到這一面心存感激。
因為如果我們根本不知道自己存在這樣的問題的話，
改進就無從談起。

生活中的危機與考驗就像是溫度計，清晰地表明了我們是否過好了每一天。我們之前可能過著舒適安逸的生活，也會認為自己是比較優秀的人，但是環境突然的改變，卻讓我們猝不及防，無法立即適應全新的環境。因為無法迅速、沉穩地適應全新的狀況，我們身上自私的一面就會展現出來，我們會變得容易惱怒，粗暴地對待別人，然後對自己變成這種樣子感到驚訝。我們從來都不會想過，自己原來是這麼沒有教養。一旦身上潛藏的缺點在不經意間暴露出來，我們就會明白，自己應該在日常生活中把這些缺點慢慢改掉。這樣的認識還是很有趣的。

如果我們懷著一顆真誠的心去為鄰居服務，並且在行為與精神上友善地對待別人，認真地履行自己每天的職責，那麼當考驗來臨的時候，我們就能輕裝上陣，積極應對，並在這個過程中增強自身的品格與力量。

考驗會暴露我們身上自私的一面，我們應該為自己能看到這一面心存感激。因為如果我們根本不知道自己存在這樣的問題的話，改進就無從談起。所以說，考驗是一種祝福！因為考驗暴露了我們的弱點，讓我們知道應該克服什麼。我們要時刻記住一點，在日常的生活裡就應該努力工作，獲取克服困難的力量，只有這樣才能

在面臨考驗時無所畏懼。

我認識一位老婦人，她的智慧和品格的力量，在她的朋友中間廣為流傳。我也很尊重並愛戴她這兩種品質，並為自己擁有這樣一位可以尋求建議的朋友而心存感激。在她舉行的一次社交活動上，大家談論著某個一般性的話題。她對於這個問題的觀點有一定的權威。但實際上，這並不是一個觀點對錯的問題，而是一個每個人都可以抒發個人看法和見解的問題。當別人的觀點與她相左，並舉出了很多例子時，她從椅子上站起來，離開房間，摔門而出。

其實那個人的觀點不過是就事論事，根本就沒有針對某個人的意思。當時，這位老婦人就在自己家裡，那些朋友都是她請來的客人，但她居然無法容忍別人持有一種與自己相反的觀點，並最終將這種不滿爆發出來，在她衝動的一瞬間，她的表現可以說是極度無禮，而且當天晚上，她再也沒有從房間裡出來。

老婦人的行為讓很多人跌破眼鏡，因為那二人認為：她不僅擁有良好的教養，而且在心靈與舉止上都是極有教養的人。我對自己說，她之前的行為只不過表面的偽裝罷了，而當她以前遇到考驗的時候，只不過是暫時壓抑了自己內心那邪惡與自

私的欲望罷了，現在她年紀大了，神經系統沒有以前那麼強的力量了，也就失去了控制的能力了。這個解釋最後被證明是正確的。

同理，當我們疲憊的時候，控制內心想法的能力就會變弱，惱怒或是氣憤就會從心底悄然升起。我們可以為別人惱怒或是不友善的行為找一個藉口──他們之所以如此，是因為感到疲憊或是生病了，但我們絕對不能為自己找這樣的藉口。

如果惱怒或是氣憤的根源──自私──在我們身上並不存在的話，那疲憊或是生病都不可能讓我們忍不住發洩自己的惱怒和氣憤。所以當惱怒從心底浮現出來的時候，我們應該感到高興，因為我們知道接下來應該怎麼做了。我們不僅不能表露出這些不良的習慣，而且還要將這些不良習慣的根源全部清除掉，並在日常生活中保持開放、坦率的態度，時刻防止這些習慣死灰復燃。

如果那位摔門而出的老婦人，以前就能從生活中的考驗中汲取教訓，清除心中因為自私而養成的不良習慣，那麼她在八十歲的時候，就不會還像個孩子一樣站起來，當著客人的面摔門而出，相反，她會時刻準備傾聽對方與自己截然不同的觀點，並且用充滿智慧的言語來表達自己的觀點，她甚至有勇氣坦承自己觀點中的錯

誤，並且承認以前自己沒有認識到的真理。

如果我們追求的是真理，而不是自己的欲望，那麼不管是透過自己還是別人的智慧去發現真理，都足以讓我們感到欣慰。

要想真正過好每一天，就要在日常生活中不斷地提升自己，做好應對考驗的準備，不要試圖去壓制內心自私的一面，而應在考驗過程中使它完全浮現出來，然後徹底清理乾淨。

如果我們不願意面對自己的錯誤和缺點，就會引起大腦的萎縮，這遲早會給我們造成影響。我們對自己越是瞭解，就越是能夠準確地進行改進，越早獲得真正的自由。好醫生是不會讓病人的血液中，殘留一絲有害物質的，因為他知道這樣肯定會給病人帶來傷害。我們不應該壓抑腦海中自私的欲望，因為這比血液中的毒素所造成的危害更大。

過好每一天是一門學問。若是我們想過好每一天，那麼這門學問是非常有趣並且有益於健康的。當我們意識到，自己所能做的就是讓人生處於一種平衡的狀態，面對自己無法控制的事情，最好的辦法就是盡人事、聽天命，這能夠讓我們避免許

171

多毫無必要的煩惱與壓力。研究如何去過好每一天，將會對我們越來越有益。

我們最需要的，就是健康、堅定的常識與過好每一天的信念。我們需要相信什麼呢？這麼說吧，我們要相信永遠正確的運行法則。如果我研究電學，首先就要遵循電學方面的固有規律，否則電燈就不會亮，電話就不會響，汽車的輪子就不會轉動。要是我致力於科學方面某個領域的研究，我首先必須要遵循這個領域的法則，否則研究工作將一無所獲。

透過對法則的遵循，使我知道了自己正走在發現未知法則的道路上。在遵循法則時，越加嚴謹與富於智慧，那麼我們的能力就能夠得到更快的提高，我們的視野也會變得更加清晰。當然，我們在遵循自然科學法則時的心態，並不一定要像法則本身一樣那麼死板。在生活中，人在精神層面的運行法則，是自我坦白與各種機遇及事情混在一起時所產生的結果。

對於需要遵循的固定法則，我們必須嚴格遵守——過好每一天的法則，也是需要每天嚴格遵守的，就好比蒸汽船的引擎要遵循它的工作原理一樣。精神層面的法則與物理法則，在這一方面存在著巨大的差別。相對而言，自然科學的固定法則是

第十四章

日日是好日

死的，因為這些法則對應的是物質，但人性法則卻是充滿活力的，因為它面對的是物質背後充滿活力的各種動因。

即使亦步亦趨地遵照自然科學的法則去做，我們依然有可能獲得圓滿的成功，因為精神上的運行，並不影響這些自然科學法則的正常運作，只要他能得到完全執行就可以了。但是人性的法則──這種代表著心靈成長的法則──卻是完全不同的，因為我們要處理的是心靈的法則，所以必須要保持真誠與無私的精神，否則我們的一切行動就將毫無意義、沒有成效。

表面看來，我與鄰居的關係極為友善，但我的內心卻可能十分憎恨他們；表面看來，我很正直、很誠實，但內心卻可能像一個小偷一樣，在欺騙著別人；表面看來，在人生的各個階段，我都受人尊敬──我可能是教堂的主要捐助人，可能是政治上的改革者，可能是社會啓蒙者──但也可能，我在禮儀或是教養方面的滴水不漏只是一種偽裝，我其實已經爛到骨子裡了。

在與心靈法則有關的情況中，我遵循著過好每一天的生活法則，力求在言行舉止方面給同胞留下好印象。但在內心深處，我並沒有真心實意地去遵循這些法則，

173

但這些法則所產生的活力，卻都源自我們的精神是否遵循它。如果我們內心遵循這些法則，那麼結果是顯而易見的。如果我們只是表面上遵循它，但內心卻並不這樣認為，那麼只要稍微遇到一些緊急情況，就有可能擊碎我們脆弱的自尊。

為什麼會有那麼多受人尊敬、但內心卻不夠真誠的人，會暴露出自己的本來面目，但有些人卻始終能夠做到表裡如一呢？這個問題的答案需要藉助上帝無窮的智慧來解答，而不是凡人那有限的智慧。顯然，在危機到來的時候，通常能夠讓我們判斷出誰是膚淺與毫無活力的，誰是堅定與充滿活力的。任何對「過好每一天」的深度及廣度有興趣的人，都會感激那些暴露出他們不足的種種考驗，這樣他們就能夠發現自己的缺點，並加以改正。

做好本分工作，首要的一點就是要盡自己的全力，並從工作中感受到樂趣。在工作職責之外，去做其他一些有用和極具價值的事情，在不影響正常工作的前提下，去享受生活的樂趣，這會促使我們將工作做得更好。要是我們能夠心甘情願接受這樣的法則，那麼我們的行為自然也會變得真誠。要想更為深入地遵循法則，自我的成長與能力的增長，就成了必不可少條件。

還有一點需要說明，就是所有的法則都必然是從一個中心點發射出來的。我們這個星球上所有自然法則的運行，就目前所知，都可以追溯到太陽所發散出的熱和光，所以自然法則是可以追溯到上帝的精神的，這種精神就是宇宙的中心。造物者賜予所有物質的能量，肯定都是上帝所具備的。上帝賜予我們個人的意識，難道他就沒有屬於自己的意識嗎？所有精神上的法則都是從他那裡來的，遵循他的法則必然引領我們走向他，我們就能夠知道，自己與上帝、與同胞的關係，不僅僅是同族這麼簡單，更是共同遵循著一種精神上的法則。

只有真正遵循上帝的法則，我們才能從「過好每一天」的每一條法則中的細節及寬廣的延伸中，獲得真正的力量。

國家圖書館出版品預行編目資料

內在信念的力量：日日是好日的神祕法則 / 安妮‧考爾
著；佘卓桓譯. -- 初版. -- 新北市：華夏出版有限公司,
2024.09
　　　　　　面；　　公分. --（人文經典；007）
譯自：Every day living
ISBN 978-626-7393-93-2（平裝）
1.CST：修身 2.CST：生活指導

192.1　　　　　　　113008148

人文經典 007
內在信念的力量：日日是好日的神祕法則

著　　作　安妮‧考爾
翻　　譯　佘卓桓
審　　校　孔謐
出　　版　華夏出版有限公司
　　　　　220 新北市板橋區縣民大道 3 段 93 巷 30 弄 25 號 1 樓
　　　　　電話：02-32343788　　傳真：02-22234544
　　　　　E-mail：pftwsdom@ms7.hinet.net
印　　刷　百通科技股份有限公司
　　　　　電話：02-86926066 傳真：02-86926016
總 經 銷　貿騰發賣股份有限公司
　　　　　新北市 235 中和區立德街 136 號 6 樓
　　　　　電話：02-82275988　　傳真：02-82275989
　　　　　網址：www.namode.com
版　　次　2024 年 9 月初版一刷
特　　價　新台幣 320 元（缺頁或破損的書，請寄回更換）

ISBN-13：978-626-7393-93-2
《內在信念的力量》由孔寧授權華夏出版有限公司出版繁體字版